우드로우 윌슨과 행정연구

강 용 기

도서출판 대영문화사

머리말

이 책은 현대 행정학을 개척한 인물로 평가받는 우드로우 윌슨(T. Woodrow Wilson, 1856~1924)과 그의 논문 「행정연구(The Study of Administration」(1887)를 소개하기 위한 것이다.

윌슨의 행정사상은 그의 논문 「행정연구(The Study of Administration」(1887)에서 집약되어 표현되고 있다. 이 논문은 현대 행정학의 시작을 알리는 역사적 가치를 지닌 글로 평가되고 있다.

이 논문은 원래 강연 형식으로 준비되었던 세 개의 에세이를 엮어서 편집한 것이다. 따라서 전체적 구성이나 논리 전개가 그리 체계적이지는 않다. 중복된 내용과 표현도 많고, 의미가 모호한 문장도 많다. 25쪽을 자치하는 상당한 분량의 논문인 데도 불구하고 주는 후주 단 두 개뿐이다.

그럼에도 불구하고, 이 글은 30세 젊은 학자의 사회개혁 의지와 애국심, 학문적 열정으로 가득 차 있다. 그의 글을 번역하고 읽으면서 때로는 잔잔한 감동을 얻기도 한다. 나는 그 나이에 이웃과 국가를 위해 무슨 고민을 하고 있었던가를 되돌아보게 하고 반성하게도 한다.

이 책은 윌슨의 「행정연구」라는 논문을 중심으로 전개되지만 크게 두 부분으로 나누어져 있다.

전반부(제1부)는 행정학을 처음 접하거나, 행정사상에 관심 있는 독자들을 위해 윌슨의 생애와 함께 논문의 핵심 내용을 전달하고자 하였다. 후반부(제2부)는 필자가 그동안 윌슨의 행정이론과 관련된 쟁점을 중심으로 학회 세미나와 학회지에 발표했던 내용들을 모아 수정 · 보완한 것들이다.

제1부에서는 먼저, 우드로우 윌슨의 생애와 행정사상의 개요를 소개한다(제1장). 다음으로, 윌슨의 행정사상을 집약하고 있으며, 행정학의 독립선언서라고 평가되는 논문인 「행정연구」의 내용을 요약 · 해설한다(제2장). 그리고 논문 「행정연구」의 전문을 완역하여 수록한다(제3장).

제2부에서는 윌슨의 행정학 이론의 쟁점들을 평가한다. 먼저, 윌슨이 보는 정치와 행정과의 관계를 분석한다(제4장). 다음으로, 현대 행정학의 창시자로서 윌슨의 지위를 점검하고(제5장), 마지막으로, 실용주의 철학과 행정학의 발전과정을 설명한다(제6장).

이 책을 정리하는 데 아이디어를 주고 도움을 준 여러 동료 학자와 학회 회원 여러분에게 감사의 마음을 전한다. 세월이 많이 흘렀지만 늘 연구하는 자세로 조언을 아끼지 않으시는 선후배 동료 교수님께 감사한다. 특히, 최평길 교수님은 우드로우 윌슨에 대한 지적 영감을 가질 수 있도록 기회를 주셨다. 또한 어려운 여건 속에서도 이 책의 학문적 취지를 이해하시고 좋은 책을 만들어 주신 대영문화사 임춘환 사장님께 감사의 말씀을 드린다.

더하여 재미없고 생소한 글이지만 독자의 입장에서 토론하고 평가해 준 아내 왕은경과 나의 곱고 아름다운 두 영혼 단비와 하늘에게 감사와 사랑의 인사를 전한다.

창밖은 이제 완연한 봄이다.

2016. 5.

강용기

차 례

머리말 / 3

제 1 부 우드로우 윌슨의 '행정연구'

제 1 장 우드로우 윌슨의 생애와 행정사상 13

Ⅰ. 우드로우 윌슨은 누구인가? ······ 15

Ⅱ. 우드로우 윌슨은 행정학의 창시자인가? ······ 18

유럽의 관방학 / 19

미국의 행정학과 우드로우 윌슨 / 20

Ⅲ. 우드로우 윌슨은 무슨 얘기를 했는가? ······ 22

이제는 행정국가의 시대이다 / 22

이제 행정학이 필요한 시기이다 / 24

행정은 비교연구를 통해 발전한다 / 25

Ⅳ. 요약 및 결론 ······ 26

제 2 장 우드로우 윌슨 '행정연구'의 이해 28

Ⅰ. 행정연구의 역사 ······ 30

행정국가 시대와 행정학의 필요성 / 30
유럽과 미국의 행정연구 / 33
국민 여론과 행정의 역할 / 35

Ⅱ. 행정연구의 주제 ······ 36

정치와 행정 / 37
여론과 행정 / 40

Ⅲ. 행정연구의 방법 ······ 41

비교연구의 필요성 / 41
비교연구의 조건 / 42

Ⅳ. 요약 및 결론 ······ 43

제 3 장 우드로우 윌슨 '행정연구'의 전문 해석 45

Ⅰ. 행정연구의 역사 ······ 47
Ⅱ. 행정연구의 주제 ······ 66
Ⅲ. 행정연구의 방법 ······ 77

제 2 부 우드로우 윌슨의 행정학

제 4 장 우드로우 윌슨 '행정연구'에서 본 정치와 행정 관계 87

Ⅰ. 정치행정 이원론인가 일원론인가? 90

정치행정 이원론 / 90

정치행정 일원론 / 92

Ⅱ. 정치행정의 이원적 일원론 93

정치의 영역과 행정의 영역은 기능적으로 구분된다 / 94

그러나 정치와 행정은 긴밀한 협력관계 속에 있다 / 96

Ⅲ. 요약 및 결론 98

제 5 장 현대 행정학의 역사적 기원과 우드로우 윌슨 100

Ⅰ. 근대사회의 행정과 행정연구: 유럽 102

독일의 행정과 행정연구: 관방학과 슈타인의 행정학 / 104

프랑스의 행정과 행정연구: 나폴레옹의 행정개혁 / 106

영국의 행정과 행정연구 / 109

Ⅱ. 현대사회의 행정과 행정연구: 미국 111

초기 미국사회의 행정과 행정연구 / 111

남북전쟁과 윌슨의 행정연구 / 113

Ⅲ. 현대 행정학의 기원과 윌슨의 지위 115

현대 행정학의 기원으로서 미국 행정학 / 115

미국 행정학에서 윌슨의 지위 / 116

Ⅳ. 요약 및 결론 119

제 6 장 행정학 연구방법으로서 실용주의 122

Ⅰ. 실용주의의 이론적 토대와 진리방법 124

실용주의의 이론적 토대 / 124
실용주의의 진리와 연구방법 / 127

Ⅱ. 실용주의와 행정학 133

응용 실천과학으로서 행정학 / 133
윌슨과 초기 행정학 / 133
사이먼의 의사결정론 / 135
신행정학 / 138
정책과학론 / 141

Ⅲ. 요약 및 결론 143

부 록 145
참고문헌 149
찾아보기 153

제 1 부

우드로우 윌슨의 '행정연구'

제 1 장　우드로우 윌슨의 생애와 행정사상
제 2 장　우드로우 윌슨 '행정연구'의 이해
제 3 장　우드로우 윌슨 '행정연구'의 전문 해석

제 1 장

우드로우 윌슨의 생애와 행정사상

[본문 요약]

우드로우 윌슨(T. Woodrow Wilson)이 1887년 발표한 논문 「행정연구(The Study of Administration)」는 행정학의 시작을 알리는 선언적 논문으로 평가되고 있다. 윌슨은 정치와 행정이 구분되는 영역에 존재한다고 보고, 정치학과 구분되는 새로운 학문영역으로서 행정학의 필요성을 주장했다.

윌슨에 의하면, 근대 이전의 시대는 정치의 시대였지만, 입헌 민주체제가 안착된 현대사회는 행정의 시대이다. 과거에는 정치가 국민의 삶을 결정했지만, 이제는 행정이 국민의 행복수준을 결정하는 행정국가의 시대인 것이다. 이러한 행정의 시대에는 다양한 국민의 요구를 실현하기 위한 행정의 체계적 연구 노력인 행정학이라는 독립된 학문영역이 필요한 것이다.

이러한 주장을 통해 윌슨은 현대 행정학의 창시자 혹은 현대 행정학의 아버지라고 평가되고 있다. 이러한 주장에 대한 반론도 있다. 유럽의 관방학적 행정연구는 윌슨 이전부터 존재했다는 것이고, 미국에도 당시대에 윌슨 이외의 여러 학자가 행정을 연구하고 있었다는 것이다.

여기서는 유럽의 관방학을 현대 행정학의 기원으로 보지 않았다. 첫째는 유럽의 관방학은 절대군주체제를 유지하기 위한 행정이었다. 현대 행정학은 민주정치체제 아래서 국민에게 봉사하는 행정이다. 따라서 유럽의 행정연구는 현대 행정학의 기원으로 볼 수 없다. 또한 유럽의 행정연구는 19세기 이후 행정법학적 연구로 전환하여 현대 관리주의 행정학과 학문적으로 단절되었다.

미국의 경우 굿노우(F. J. Goodnow)도 정치와 행정의 구분을 주장하는 등 행정학의 개척자로 볼 수도 있겠으나, 그도 행정법학으로 전환하여 현대 관리주의 행정학의 기원이라고 보기 어렵다고 평가하였다.

따라서 윌슨은 미국 행정학의 창시자로서 평가할 수 있으며, 미국 행정학이 현대 행정학의 주류를 형성하고 있는 현실 속에서 윌슨은 현대 행정학의 창시자로서 지위를 얻고 있다.

행정학 이론의 역사 속에 존재하는 우드로우 윌슨(T. Woodrow Wilson, 1856~1924)은 행정학의 학문적 독립을 선언한 행정학의 창시자 혹은 행정학의 아버지로 알려져 있다.

윌슨은 1887년 『미국정치학계간지(*PSQ*)』에 「행정연구(The Study of Administration)」(1887)라는 논문을 발표했는데, 이 논문이 후세의 학자들에 의해 미국 행정학의 시작을 알리는 기념비적인 글로 평가되고 있다.

미국 행정학은 현대 행정학의 주류이론을 형성하고 있는 것이 현실이므로, 미국 행정학의 창시자로 불리는 윌슨은 동시에 현대 행정학의 창시자로서 지위도 겸하고 있다.

윌슨이 현대 행정학의 창시자라면 행정학 연구에서 윌슨의 위치는 매우 중대한 것이다. 그리고 그의 논문 「행정연구」는 행정학을 공부하는 사람들이라면 반드시 한 번은 이해하고 넘어가야 할 연구의 대상이 되는 것이다.

I 우드로우 윌슨은 누구인가?

우드로우 윌슨(T. Woodrow Wilson, 1856~1924)은 1856년 12월 미국의 남부 버지니아에서 장로교 목사의 아들로 태어났다. 그의 할아버지는 아일랜드에서 미국으로 이민을 왔다. 윌슨은 아일랜드계 미국인의 후손으로 태어난 것이다. 유년 시절은 종교적 분위기 속에서 유복하게 지냈으나, 남북전쟁(1861~1865)의 한 복판에서 전쟁의 참상을 보았다. 그의 아버지는 남부의 지지자였고 남부군의 군목으로 복무하기도 했다. 윌슨은 젊은 시절에 남북전쟁의 후유증 속에서 혼란한 미국을 보면서 자랐다.

우드로우 윌슨(1856~1924)

사진자료: 미국 백악관 홈페이지
https://www.whitehouse.gov/1600/presidents/woodrowwilson

1875년 현재의 프린스턴(Princeton) 대학의 전신인 뉴저지 대학(College of New Jersey at Princeton)에 들어가 1879년 졸업하였다. 이후 버지니아 대학교(University of Virginia) 법학 전문대학원에 들어가 법학을 공부하였다. 그러나 법률가로서의 생활에 흥미를 느끼지 못하고, 1883년 존스홉킨스 대학교(Johns Hopkins) 대학원에 들어가 정치학과 역사학을 전공하는 학자의 길로 들어섰다.

1884년에 『의회정부론(*Congressional Government*)』을 완성하여 1885년 1월 출간하였는데, 이 저술의 학문적 가치를 인정받아 1886년 존스홉킨스 대학에서 박사학위를 받았다. 윌슨의 저서 『의회정부론』(1885)은 의회 중심으로 운영되는 미국 대통령제의 문제점을 비판하고, 그에 대한 대안을 모색한 연구이다. 미국은 정책의 결과에 대해 책임을 지지 못하는 입법부(legislation)가 행정부(administration)를 통제·지배하고 있는 정부형태라고 보았다. 이에 대한 대안으로 입법부와 행정부가 책임 있게 공존하는 영국식 내각제를 제시한다.

윌슨은 의회의 정치보스가 행정부를 지배하는 의회 중심의 정부체제를 비판해 왔다. 당시 의회는 감시와 견제 권한을 강하게 행사하면서 행정부를 무기력하게 만들고 있었다. 엽관제의 영향으로 미국의 정치권은 한없이 부패했다. 따라서 윌슨은 이러한 부패하고 무능한 정치로부터 행정을 구원하기 위해 정치로부터 행정의 독립을 주장하게 된 것이다. 이러한 상황 속에서 30세의 젊은 나이에, 미국의 정치사회에 대한 개혁 선언이라고 할 수 있는 「행정연구」(1887)라는 논문을 발표하였다.

이 논문은 현대사회를 행정국가로 규정한다. 행정국가에서는 정치보다 행정이 국민의 삶을 결정하는 주요 역할을 한다. 현대 이전까지는 정치가 인간의 삶을 지배하는 정치국가의 시대였다. 그러나 입헌민주국가체제에서는 행정이 국민의 행복을 결정하는 중심기능을 한다. 행정국가 시대에는 새로운 학문영역으로서 행정학이 존재해야 한다. 윌슨의 주장을 담은 이 논문은 후세 학자들에 의해 현대 행정학의 시작을 알리는 기념비적인 논문으로 평가받는다.

이후 윌슨은 브린모어 대학, 존스홉킨스 대학, 웨슬리언 대학, 프린스턴 대학에서 행정학을 강의하였고, 비교정부론의 내용을 담은 『국가론(*The State*)』(1889)을 출간하기도 하였다. 1902년에는 프린스턴 대학 총장으로 취임하여 대학개혁을 주도하였고, 대학 총장 퇴임(1910) 후 정치인의 길로 들어서게 된다.

1910년에 뉴저지의 주지사로 당선되었고, 1913년 민주당 후보로서 미국의 28대 대통령으로 당선되었다. 1917년에는 재선에 성공하였고, 1921년 퇴임하였다. 대통령 재임시절(1913~1921)에는 제1차 세계대전(1914~1918)을 지휘(1917)하였다. 전쟁이 끝난 후 윌슨 주도 하에 제국주의 전쟁을 종식시키기 위한 국제연맹(League of Nation)의 창설이 이루어졌고, 이후 이러한 공로로 윌슨은 노벨평화상(1919)을 수상하게 된다.

1924년 67세의 나이로 서거하였고, 미국의 역사상 핵심적인 5대 대통령의 하나로 평가되고 있다.

Ⅱ 우드로우 윌슨은 행정학의 창시자인가?

우드로우 윌슨은 세계사와 미국의 역사 속에 위대한 정치가이자 대통령으로 남아 있다. 그러나 행정학계에서 윌슨은 행정학을 정치학으로 분리하여, 사회과학의 독자적인 분과영역으로 정립한 사람으로 기억된다. 그가 행정학의 창시자 혹은 행정학의 아버지로 평가받는 근거는 그가 1887년 발표한 「행정연구(The Study of Administration)」라는 논문이다.

이 논문을 통해 그는 정치와 행정의 영역을 구분하고, 이제는 정치보다 행정이 국민의 삶을 결정하는 시대, 즉 행정국가의 시대가 도래했음을 선언한다. 또한 이러한 시대적 상황 속에서 정치학과 구분되는 독자적인 학문으로서 행정학이라는 분과학문이 절실히 필요함을 역설한다.

그런데 윌슨이 현대 행정학의 창시자 혹은 시조로서 지위를 얻을 수 있는가에 대해 의문을 제기하는 사람들도 많다. 윌슨 이전에도 독일이나 프랑스 등의 유럽국가에서 관방학자들을 중심으로 한 행정연구가 존재하고 있었고, 윌슨과 같은 시기 미국에서도 행정을 연구하는 학자들이 여럿 있었기 때문이다. 여기서는 유럽의 관방학과 미국의 행정학 발전 역사를 통해 윌슨의 행정이론사적 의미를 파악해보기로 한다.

유럽의 관방학

윌슨이 「행정연구」라는 논문을 발표(1887)하기 훨씬 전부터 독일과 프랑스에서는 관방학(cameral science)이라고 하는 행정연구의 노력이 존재했다.

독일에서는 18세기 프리드리히 빌헬름 1세(Friedrich Wilhelm I) 때 관방학 강좌가 개설되었고(1729), 프레데릭 대왕(Frederic the Great) 시대에는 유스티(J. G. H. von Justi, 1702~1771)를 중심으로 경찰학이 발전하였다. 19세기 중반에는 슈타인(L. von Stein, 1815~1890)의 행정학이 상당한 지배력을 행사하고 있었다(Rutgers, 1997).

프랑스에서는 보냉(C. J. Bonnin)이라는 학자가 19세기 초에 행정원리에 관한 저술을 발표했고, 마르셀(Marcel), 비비앙(Vivien) 등이 윌슨보다 앞선 시기에 행정을 연구했다. 특히, 보냉은 나폴레옹의 행정개혁에 참여하기도 하였다(Martin, 1987).

그러나 이러한 유럽 국가의 행정연구를 현대 행정학의 기원으로 보기는 어렵다. 유럽의 관방학은 절대군주 치하에서의 군주를 위한 행정을 연구하는 학문이었다. 주로 왕실의 재산과 재정을 관리하거나, 국가의 안전과 질서를 유지하는 것에 관심이 있었다. 그들에게서 대중이나 여론, 능률 같은 문제는 관심의 밖에 존재하거나 관심영역이 아니었다. 그들의 관심은 군주의 지배질서를 효율적으로 유지하는 것이었다. 따라서 유럽의 관방학적 행정연구는 입헌 민주국가의 행정을 연구하는 현대 행정학의 연구대상과 구분되는 것이다. 이러한 측면에서 유럽의 관방학적 행정연구를 현대 행정학의 기원으로 보기 어렵다.

또한 학문 공동체의 형성과 유지라는 면에서 유럽의 관방학을 현대 행정학의 기원으로 보기 어렵다. 유럽의 관방학은 정치와 행정을 분리하여 접근하는 성과를 거두기는 하였지만 19세기 이후 행정법 연구로 전환되었다. 행정의 연구는 법률가의 영역이 되었다. 따라서 유럽 관방학은 현대 행정학의 기원으로 평가받기 어렵게 된 것이다.

미국의 행정학과 우드로우 윌슨

유럽의 관방학은 행정의 성문법체계를 정립할 필요성에 따라 행정법학 쪽으로 발전하게 된다. 이에 비해, 미국의 행정학은 능률적 민주주의라는 관리주의 시각에서 행정연구를 시도했다. 미국은 불문법 국가로서 행정의 제도적 기반을 구축하기보다는 행정의 원리를 발굴하는 데 관심을 기울였다.

윌슨이 미국 행정학의 창시자로 인정받기 시작한 것은 그가 세상을 떠난(1924) 한참 후인 1930~1940년대에 들어서면서부터였다. 윌슨의 논문은 발표 후 40여 년 동안 다른 행정 관련 문헌에 전혀 언급되지 않았다.

그러다가 최초의 행정학 교과서로 불리는 화이트(L. D. White)의 『행정학 입문(*Introduction to Public Administration*)』(1926)에서 처음으로 인용·언급되었다. 1939년에 미국행정학회(ASPA)가 창설되었고, 1940년에 『미국행정학회지(*PAR*)』가 창간되었는데 이때부터 윌슨의 논문이 행정학계의 관심을 끌게 되었다. 이 당시 『미국행정학회지(*PAR*)』에서 윌슨의 논문을 권두 논문으로 실으려고 했으나, 원 저작권을 가진 PSQ에서 거절하였다. 그 이후 『미국정치학계간지(*PSQ*)』 1941년 겨울호에 윌슨의 논문 「행정연구」 복사본이 서평과 함께 다시 실리게 되면서 윌슨은 다시 주목을 받게 된다(Martin, 1988).

1948년 저명한 행정학자인 왈도(D. Waldo)는 그의 『행정국가론(*Administrative State*)』(1948)에서 윌슨의 논문을 수차례 인용·언급하고, 그 이후 지속적으로 윌슨을 행정학의 창시자로 지목하였다. 이러한 과정 속에서 윌슨은 재발견되어 현대 행정학의 창시자로서 지위를 확고히 획득하게 된 것이다. 미국 행정학은 현대 행정학의 주류를 형성하고 있는 상황이므로, 윌슨은 미국 행정학의 시조이면서 동시에 현대 행정학의 시조로 평가되고 있다.

윌슨과 동시대의 인물로서 행정을 체계적으로 연구한 사람 중에 굿노우(F. J. Goodnow)가 있다. 그는 1900년 『정치와 행정』이라는 중요한 저술을 통해 정치와 행정을 구분하여 접근했다. 당대에는 윌슨보다 굿노우가 더 알려지기도 했다. 그러나 그의 저작은 윌슨보다 시기가 조금 늦었고, 나중에 행정법학 쪽으로 관심영역을 돌려 주류 행정학과 멀어지게 되었다. 행정학의 입장에서 보면 굿노우는 행정법학자로 분류되는 것이다. 따라서 굿노우는 윌슨과 함께 현대 행정학의 개척자 그룹으로 분류될 수는 있지만, 현대 행정학의 창시자로서 지위는 윌슨에게 양보할 수밖에 없게 되었다.

Ⅲ 우드로우 윌슨은 무슨 얘기를 했는가?

우드로우 윌슨은 무슨 주장을 했기에 현대 행정학의 시조라는 명예로운 지위를 얻게 되었을까?

윌슨의 이러한 지위는 그가 1887년 발표한 「행정연구(The Study of Administration)」라는 한 편의 논문에서 기인하고 있다.

윌슨의 논문이 주는 핵심적인 메시지는 정치의 영역과 행정의 영역은 구분되며, 새로운 시대는 정치보다 행정이 중심이 되는 행정국가의 시대라는 것이다. 이러한 시대적 맥락 속에서 정치학과 구분되는 행정학이라는 독립적 학문이 필요하며, 연구의 방법으로는 비교방법이 적실성 있다고 보았다.

이제는 행정국가의 시대이다

윌슨은 이제 정치가 지배하는 정치국가의 시대가 아니고, 행정이 지배하는 행정국가의 시대라고 보았다. 그렇다면 그가 주장한 행정국가의 의미는 무엇인가?

근대 시민국가의 지배적 사상은 절대주의 권력으로부터 시민의 자유를 확보하기 위한 루소(J. J. Rousseau)와 로크(J. Locke)의 사회계약설이다. 사회계약설은 왕권신수설을 부정하고 전제주의를 타도하기 위한 시민혁명의 사상적 기반을 제공하였다. 이러한 사상적 기초 하에 정부의 집행권은 군주의 지배권을 상징하는 것으로 보아 철저한 제약과 감시의 대상이 되었다. 의회는 국민의 의지를 대표하는 것으로 국가 권력의 중심에 있었고, 집행부는 의회의 종속적 위치에 놓여 있을 수밖에 없었다. 의회의 정치적 역할은 강조되고 정부나 국가의 개입과 간섭은 최소에 그쳐야 하는 것이 선이었다.

그러나 시민혁명이 완수되고, 근대 입헌 민주주의체제가 정착하게 되면서 선거와 여론이 정치를 지배하는 대중 민주주의 시대가 되었다. 정부는 여론에 따라 움직여야 하고 국민의 다양한 욕구를 충족시켜야만 했다. 사회경제적으로는 산업혁명 이후 산업자본주의가 성숙·발전하여 독점과 공황, 빈부격차, 노사갈등, 사회주의 세력의 등장, 도시화 현상 등 복잡한 현안 문제들이 불거지게 되었다.

이러한 대중 민주주의 발달과 산업자본주의가 성숙해가는 상황 속에서 비판과 감시 위주의 의회 권력이 중심이 되어 정부를 운영한다는 것은 현실적으로 어려운 지경이 되었다. 이제는 헌법을 만드는 일보다 정부를 운영하는 것이 더 어려운 시대가 되어 버린 것이다. 따라서 현대사회는 정치 만으로 국가와 사회 문제를 해결할 수 있는 시대가 아니며, 행정이 문제해결을 주도해 갈 수밖에 없는 시대라는 것이다. 정치국가의 시대에는 정치가 국민의 행복과 안녕을 보장했지만, 행정국가의 시대에는 행정이 국가와 국민의 행복을 책임지는 시대이다.

윌슨 당시 미국은 독립 이후 100여 년이 지난 시점으로, 의회의 권력이 너무 강해 행정부는 의회에 끌려 다니는 존재였다. 미국의 정치구도 속에서 행정은 의회의 결정을 집행하는 기능만을 겨우 수행할 수 있었다. 의회는 부패한 정치인과 그 보스들이 장악하고 있었다. 당대 미국의 정치는 의회의 권력 남용에 신음하고 있었던 것이다.

윌슨은 부패한 정치에 종속되어 무기력해진 행정을 구원하고자 하였다. 이를 위해 정치와 행정은 다른 영역으로 구분해서 다루어야 한다고 보았고, 정치로부터 행정의 독립을 선언한 것이다. 행정국가 시대의 행정은 정치로부터 구분되는 영역일 뿐만 아니라 나름대로의 고유한 논리를 가지고 있고, 독자적인 권력을 행사할 수 있어야 한다.

윌슨은 정치와 행정을 구분했지만 정치와 행정이 서로 분리되어 존재한다고 보지는 않았다. 구분(distict)하는 것하고 분리(separate)하는 것하고는 다른 개념이다.

정치와 행정의 관계는 동전의 앞면과 뒷면의 관계와 같다. 동전의 앞면과 뒷면은 구분된다. 그러나 동전의 앞면과 뒷면이 분리되어 존재하지는 않는다. 구분되지만 통합적으로 존재하는 이원적 일원론의 관계가 윌슨이 주장하는 실질적 정치행정의 관계이다(제4장 참조).

이제 행정학이 필요한 시기이다

정치의 시대에 행정의 문제는 관심의 영역 밖에 있었다. 그동안 정치학자들은 국가의 통치체제와 이념, 인간의 본성, 국가의 본질, 주권의 본질, 대중권력과 왕의 특권, 정부체제 등에 관한 내용을 주로 연구했다.

행정은 정치학자들의 학문적 관심 영역이 아니었다. 학자들은 누가 법을 만들 것인가? 법의 존재의미는 무엇인가와 같은 거시적 문제에는 관심을 기울였지만, 어떻게 법을 현명하고 공평하고 신속하고 마찰 없이 운영할 수 있을 것인가의 행정적 문제들은 등한시하였다.

그러나 이제는 행정의 시대가 도래했고, 행정학을 필요로 하는 시대가 되었다. 이제 국가의 이념을 구체화시키는 것은 행정의 책무가 되었다. 매일매일 국가가 해야 할 새로운 일들이 나타나면, 다음에는 행정이 다양한 일들을 떠맡아 그것을 어떻게(how) 해결해야 할 것인가를 생각하고 준비해야 하는 시대가 온 것이다. 행정학은 정부가 가야 할 바른 길을 제시하고, 주어진 업무를 적절하고 능률적으로 처리하여 정부에 주어진 책무를 훌륭히 수행할 수 있는 방법을 찾아야 하는 것이다.

행정은 비교연구를 통해 발전한다

윌슨은 행정의 연구방법으로 비교방법을 추천한다. 당시 미국은 유럽에 비해 후진국이었다. 미국 행정의 발전을 위해 선진국의 행정기술과 문화를 도입해야 할 필요성이 있다고 주장한다.

그러나 당시 유럽은 절대군주 체제이거나, 계몽군주 체제이다. 따라서 정치와 행정을 구분하여 접근해야 한다. 윌슨은 유럽의 군주정치는 배우지 말고 거기에서 사용된 관료조직과 같은 행정기술 만을 배워올 수 있다고 본다.

윌슨이 정치와 행정을 구분한 것은 이러한 실용적 차원에서 행정기술의 습득이라는 목적도 있다. 정치와 행정을 구분하여 유럽 군주제의 정치이념은 버리고, 필요한 행정기술을 배워서 미국의 입장에 맞게 재구성해 쓸 수 있다고 본 것이다.

Ⅳ 요약 및 결론

윌슨은 학자로서 대학교수, 프린스턴 대학 총장을 지냈고, 정치가로서 뉴저지 주의 주지사, 미국의 28대 대통령, 국제연맹의 창설자, 노벨평화상을 수상했다.

행정학계에서는 그를 행정학을 독자적인 분과학문영역으로 독립시킨 현대 행정학의 창시자, 혹은 현대 행정학의 시조로 평가하고 있다. 엄밀하게 말하면 그는 미국행정학의 창시자이다. 그러나 현대 주류 행정학은 미국의 행정학이므로 윌슨은 동시에 현대 행정학의 창시자로서 지위를 얻고 있는 것이다.

윌슨이 행정학의 창시자로 평가받는 근거는 그가 30세의 젊은 나이에 발표한 「행정연구(The Study of Administration)」(1887)라는 논문이다. 그는 이 논문을 통해 정치와 행정의 영역을 구분하고, 행정을 연구하는 독자적인 학문영역으로서 행정학이라는 새로운 학문분과의 정립 필요성을 제기했다.

윌슨은 사회계약론에 의한 의회 중심의 정부체제는 시대적 소명을 다했다고 본다. 새로운 시대에는 행정이 고유성과 독자적 권력을 가지고 국가의 문제를 해결해 나가야 한다고 보았다. 복잡한 현대사회의 문제를 비판과 견제기능 중심의 의회가 중심이 되어 해결해 나갈 수 없다는 것이다. 이제는 헌법을 만드는 것보다 헌법을 운영하는 것이 더 어려운 행정의 시대이고, 행정이 국민의 행복을 좌우하는 시대가 되었다고 본 것이다.

이러한 맥락에서 행정문제를 체계적으로 연구할 행정학이라는 새로운 사회과학의 분과학문이 존재해야 한다고 보았고, 행정연구의 방법으로는 비교연구가 적절하다고 제시하고 있다.

그러나 윌슨의 행정국가론은 행정권이 충분히 강화되어 있고, 정부실패라는 문제가 쟁점으로 제기되고 있는 21세기 현대사회에서도 동일하게 적용될 수 있는 것인가라는 의문을 던져볼 수 있다. 현대국가에서는 행정권의 실질적 주체는 관료가 아닌 시장과 시민사회라고 보는 관점이 새롭게 강조되고 있기 때문이다(Ostrom, 1973).

제 2 장 우드로우 윌슨 '행정연구'의 이해

[본문 요약]

여기서는 우드로우 윌슨(T. Woodrow Wilson, 1856~1924)의 논문 「행정연구(The Study of Administration)」(1887)의 내용을 해설하고 간략히 소개한다. 완역된 논문은 이 책의 제3장에 수록되어 있다.

윌슨의 논문은 현대 행정학의 출발을 알리는 논문이라는 면에서 중요한 행정이론사적 의의를 가진다. 그런데 그 논문을 막상 읽어보면 그 내용을 파악하기가 쉽지 않다. 19세기 중반의 유럽과 미국 역사를 배경으로 서술하고 있을 뿐만 아니라, 다루는 내용도 역사, 정치사상, 철학사상 등 광범위하다. 표현의 내용도 모호한 것이 많다. 내용도 앞뒤에 중복되어 나타나는 경우도 있다. 앞뒤 문장이나 단락이 상반된 내용처럼 이해되는 경우도 있다.

여기서는 이러한 윌슨의 논문을 검토하고 재구성하여 윌슨의 진의가 무엇인지, 이 논문이 주장하는 핵심적 가치가 무엇인지를 종합하여 정리해 보고자 한다.

여기서 논문을 해설하면서 가능한 원래의 텍스트의 의미를 충실히 전달하고자 노력했다. 해설도 원래 논문과 같은 구조로 전개했다. 윌슨의 본래 의미를 편견 없이 서술하고자 하였다. 이를 위해 본문의 텍스트의 핵심적 문장들을 인용・소개하였다.

윌슨은 이 논문에서 현대사회는 시대는 정치의 시대가 아니고 행정의 시대이며, 이러한 맥락에서 정치학에서 독립된 새로운 분과학문영역으로서 행정학이 필요하다고 주장한다. 이러한 명제는 그의 논문 「행정연구(The Study of Administrtion)」(1887)에서 선언적으로 서술되고 있다.

윌슨의 논문은 크게 3부분으로 구성되어 있다. 첫 번째 부분은 행정연구의 역사, 두 번째 부분은 행정연구의 주제, 세 번째 부분은 행정연구의 방법에 관한 내용이다.

따라서 이 논문은 세 개의 각각 다른 주제에 관한 에세이(essay)를 모아 편집한 것으로, 전체 내용이 체계적으로 연결되어 있는 것은 아니다.

Ⅰ 행정연구의 역사

윌슨은 이 논문에서 정부 발전의 역사적 과정을 3단계로 나누고, 현대사회는 최종단계인 행정국가의 단계라고 설명한다. 그리고 이러한 시대적 흐름 속에서 행정학이라는 새로운 분과학문의 정립이 필요하다고 주장한다.

행정국가 시대와 행정학의 필요성

행정국가의 시대

윌슨에 의하면, 정부의 역사발전 첫 단계는 절대적 전제 군주인 왕이 지배하던 시기이고, 두 번째 단계는 전제 군주제를 무너뜨리기 위해 시민혁명이 전개되는 시기이다. 마지막 단계는 새로운 헌법체제 아래서 행정을 발전시켜 나가는 시기이다.

윌슨은 정부 발전의 역사를 보았을 때 고대사회부터 근대사회의 시민혁명기까지는 정치의 시대이지만, 근대 시민혁명 이후 입헌 민주제도가 정립된 후부터는 행정의 시대라고 설명한다. 즉, 시민혁명이 마무리되고 새로운 입헌 정치체제가 구축된 현재 사회를 행정국가의 시대라고 보고 있는 것이다.

시민혁명의 시대에는 시민의 자유권을 중시했다. 따라서 로크(J. Locke)와 루소(J. J. Rousseau)의 사회계약론을 토대로 국가의 역할은 최소한에 그쳐야 한다는 최소국가론이 지배적 사상이었다. 이러한 맥락에서 과거 국왕의 전제권을 상징하는 정부의 집행권은 사회적 안전을 보장하는 최소한의 수준에 머물러야 했다. 민주국가에서 권력의 핵심은 의회가 중심이었다.

그러나 이제 근대 시민혁명이 완성되어 입헌 민주정치체제가 구축되었다. 대중 민주주의가 정착하고 선거와 다양한 여론이 지배하는 사회가 되었다. 사회경제적으로는 산업혁명 이후 산업자본주의가 성숙·발전하고 있다. 기계기술이 발전하고, 철도와 해운 등의 영역에서 교통 혁명이 일어나고 있다. 독점자본이 출현하고, 금융시장이 형성되고, 경제공황이 발생하고, 노사갈등이 극심해지고, 도시화가 진전되고 있다. 사회는 이제 너무 복잡 다양해졌다. 이제 비판과 견제 기능을 담당하는 의회 권력만으로 이러한 문제를 감당하고 해결하기는 너무 어려운 시대가 되었다.

이제는 국가의 의지를 체계적이고 능률적으로 관리할 수 있는 행정의 역할이 결정적으로 중요해진 행정국가의 시대인 것이다. 정치의 시대에는 국민의 행복을 정치가 책임진다. 그러나 행정의 시대는 국가와 국민의 운명을 행정이 책임을 지는 시대이다.

> … 이제 헌법적 쟁점들이 행정적 문제보다 더 직접적이고 실천적 중요성을 가지는 시대는 아니다. 헌법을 구성하는 것보다 헌법을 운영하는 문제가 더 중요하고도 점점 더 어려운 문제가 되어 가고 있는 것이다.
>
> [출처: 윌슨 「행정연구」 제1장 행정연구의 역사 부분에서 인용]

행정학의 필요성

윌슨에 의하면, 정부는 인류의 역사만큼이나 오래된 조직이고 역시 행정도 정부의 역사만큼이나 오래되었지만, 그동안 정치학자들이 행정에 관한 연구는 소홀히 해왔다.

고대사회에서 중세를 거친 근대사회 초기까지의 정치 시대에는 주권의 본질, 정치이념, 군주제·민주제·과두제 등과 같은 정치제도, 권력 장악을 위한 혁명이나 정치적 투쟁에 등에 관해서 주 관심을 기울였다.

이러한 정치의 시기에 행정의 문제는 관심영역의 밖에 있었고, 행정의 기능이나 역할도 단순하고 복잡하지 않았다. 따라서 행정학적 연구는 주 관심영역이 아니었다.

그러나 이제는 선거와 대중여론을 토대로 한 입헌 민주정치체제가 완성되고, 산업자본주의가 성숙해가는 복잡한 사회구조 속에 놓여 있어, 의회 정치로만 해결할 수 없는, 행정의 역할이 강조되는 행정국가의 시대가 되었다.

정치국가 시대에는 정치학이 필요한 학문이었다면, 행정국가 시대에는 행정학이 필요한 학문이 될 것이다. 행정학은 어떻게 민주헌정체제를 잘 운영할 것인가의 방법(how)을 연구하는 학문이다. 거시적인 이념보다는 능률적 민주주의를 완성하는 방법과 수단에 관심을 가진다.

물론 행정학이 수단과 방법에 관심을 가진다고 해서 민주적 정치이념을 도외시하는 것은 아니다. 민주적 정치이념을 실현하기 위한 효과적 수단으로서 집행방법을 연구하는 것일 뿐이다. 정치와 행정은 서로의 고유성과 독자성을 인정하면서 견제하고 균형을 이루어가는 공존 관계이기 때문이다.

> … 정부 행위의 어려움은 지나간 역사 속에서도 나타나고 있지만 그러한 어려움들은 그 규모와 복잡성이라는 면에서 현재와는 비교할 수 없으며 이제 최고의 정점에 도달해 있다.
>
> … 이제 행정학은 정부가 가야 할 바른 길을 제시하고, 주어진 업무를 적절하고 능률적으로 처리하며, 조직 강화와 정비를 통해 정부의 책무를 훌륭히 수행할 수 있는 방법을 찾아가야 한다.
>
> [출처: 윌슨 「행정연구」 제1장 행정연구의 역사 부분에서 인용]

유럽과 미국의 행정연구

윌슨에 의하면, 행정은 정부의 역사만큼 오래된 것이지만, 정치학과 구분되는 독자적 학문영역으로서 체계적 행정의 연구는 18세기 중반 이후에 비로소 시작되었다. 행정에 관한 초기 연구는 유럽의 독일과 프랑스를 중심으로 이루어졌다.

행정연구의 선진국: 독일과 프랑스

독일(프러시아)은 계몽군주에 의해 체계적 행정을 발전시켰다. 대표적 계몽군주인 프레데릭 대왕(Frederic the Great, 1712~1786) 시대에 관방학이라는 국가관리학이 발전하였고, 이후 슈타인(L. von Stein, 1815~1890) 같은 학자들을 중심으로 재정 개혁과 관료제 규칙 제정 등 국가

행정이 체계적으로 연구되었다.

프랑스도 나폴레옹(Napoleon, 1769~1821)과 같은 절대적 통치자에 의해 행정이 발달되었다. 나폴레옹은 프랑스 혁명기에 나타났지만, 스스로 황제가 되었으며, 계몽군주의 지위에서 행정개혁을 추진했던 것이다.

윌슨에 의하면, 독일과 프랑스의 행정발전은 계몽군주가 존재했기 때문에 가능했다고 설명한다. 계몽군주들은 절대주의 시대의 군주와 달리 군주(왕)를 국민에 대한 봉사자로 파악했다. 계몽군주들은 혁명의 시대에 국민의 지지를 얻고 군주제를 안정적으로 유지시키기 위해 과거 절대주의 군주들과는 다른 선택을 했던 것이다.

행정연구의 후진국: 영국과 미국

이에 비해, 영국과 미국은 계몽 절대군주를 가질 기회를 가지지 못했다. 그러한 배경 속에서 행정에 관한 체계적 연구를 수행하지 못했고 행정발전도 늦어졌다.

영국은 절대주의가 성립된 이후 마그나 카르타(Magna Carta, 1215), 권리청원(1628), 명예혁명(1688), 백년전쟁(1337~1453), 장미전쟁(1455~1485) 등으로 끊임없는 정치적 혼란을 겪어왔다. 따라서 영국의 역사는 정치의 역사였고, 의회와 군주와 갈등의 역사였다. 따라서 영국은 그동안 안정적, 절대적 권력과 계몽사상을 겸비한 계몽군주를 가지지 못했다. 행정발전이 매우 늦어졌고, 행정도 제대로 연구되지 못했다.

미국도 마찬가지다. 건국 이후 식민지 전쟁, 서부개척과 영토 확장, 주변국과의 영토 분쟁, 남북전쟁 등으로 정치적 혼란기에 놓여 있었고, 행정에 대한 체계적 관심을 기울일 만한 여력이 없었다. 영국이나 미국은 정치체제의 변환과 불안기에 놓여 있었기 때문에 제대로 행정발전을 이룩할 수 없었던 것이다.

그동안 영국과 미국의 정치역사는 행정발전의 역사가 아니라 입법적 감시의 역사였다. 다시 말하면, 정부조직의 발전이 아니라 법률 제정과 정치적 비판의 역사였다.

그러나 이제는 행정연구와 개혁이 정부의 안녕을 위해 매우 필요한 시기가 되었다. 오랫동안 이어져온 헌법제정의 관행에서 이제 벗어날 때가 되었다. 특히, 미국은 도시정부의 무능, 주행정의 무능과 불명확함, 연방정부의 혼란, 부정과 부패, 매관매직 등에 대해서 제대로 대안을 마련하고 있지 못하고 있으며, 행정에 대한 체계적 연구 노력이 시급한 상황이다.

… 독일이나 프랑스 같이 절대군주 체제를 계속 유지하고 있기는 하지만, 자유주의 시대의 사상적 흐름을 수용하고 있는 계몽군주가 있는 나라에서 행정이 가장 먼저 발달하기 시작했다.

… 영국과 미국의 정치역사는 행정발전의 역사가 아니라 입법 감시의 역사였다. 다시 말하면, 정부조직의 발전이 아니라 법률 제정과 정치적 비판의 역사였다.

[출처: 윌슨 「행정연구」 제1장 행정연구의 역사 부분에서 인용]

국민 여론과 행정의 역할

절대주의 국가에서 행정연구는 단일의 군주만을 의식했지만, 민주국가에서는 다수라는 주인을 섬겨야 한다. 민주주의 국가는 선거가 있고 이러한 선거는 여론에 의해서 좌우된다. 현재는 여론정치의 시대이다. 따라서 수많은 주권자를 만족시키기 위한 행정제도나 규칙을 만들어간다는 것은 매우 어려운 작업이다.

윌슨은 여론을 관리의 대상이라고 본다. 제일 먼저 여론을 살피는 것이 필요하지만, 다음으로 그 여론이 올바르게 형성되도록 관리해야 한다는 것이다. 미국은 다양한 인종과 이민자들로 구성되어 있기 때문에 더욱더 복잡한 문제가 있다. 따라서 여론은 관리되어야 하고 올바른 방향으로 교육되어야 한다고 설명한다.

> … 현재의 입헌정부에서 새로운 개혁정책을 시도하고자 하는 사람은 먼저, 일반시민들이 상당한 정도의 변화가 필요함을 인식할 수 있도록 교육시켜야 한다. 그리고 그가 원하는 특별한 변화를 시민들이 받아들이고 원하도록 설득시켜야 한다.
>
> … 먼저, 여론이 기꺼이 그 변화의 내용을 들을 수 있도록 하고, 다음으로, 그 여론이 바르게 형성될 수 있도록 살펴야 한다. 의견을 찾기 위해 여론을 고무시켜야 하고, 바른 의견이 형성될 수 있도록 여론을 관리해야 한다.
>
> [출처: 윌슨 「행정연구」 제1장 행정연구의 역사 부분에서 인용]

Ⅱ 행정연구의 주제

앞에서는 행정학이라는 사회과학의 한 분과가 정치학과는 다른 범

주로 독립해야 한다는 역사적 근거를 제시하였다. 여기서는 사회과학의 분과학문으로서 행정학의 고유한 연구영역과 대상을 밝히고 있다.

정치와 행정

행정의 영역과 정치의 영역은 구분된다

윌슨에 의하면, 행정의 역할과 정치의 역할은 구분된다.

정치는 정당이나 의회를 중심으로 이루어지는 정치인들의 영역이고, 행정은 행정부의 공무원들과 기술 관료들로 이루어지는 관료들의 영역이다. 이념적 차원에서 광범위한 정부 행동을 계획하는 것이 정치이고, 행정은 그러한 계획을 구체화시키고 실천하는 것이 행정이다. 따라서 행정의 영역은 업무 관리의 영역이며, 어떻게 실천할 것의 수단과 방법에 관심을 가진다.

> … 행정(adminstration)의 영역은 업무(business)의 영역이며, 이는 정치적 갈등과 분쟁의 세계와는 구분된다. 행정은 헌법연구와 같은 격렬한 논쟁의 영역과는 일정한 거리를 두고 있다.
>
> [출처: 윌슨 「행정연구」 제2장 행정연구의 주제 부분에서 인용]

그러나 행정과 정치가 완전히 분리되어 존재하는 것은 아니다

윌슨은 행정과 정치가 영역과 기능 면에서 구분된다고 보았지만(distinct), 둘 사이가 명확하게 분리되어 존재한다고 본 것은 아니다.

윌슨은 사회유기체론적 시각을 가지고 있었다. 윌슨이 논문에서 인용한 헤겔(G. W. F. Hegel), 블룬트슐리(Bluntschli), 슈타인(L. von Stein)은 사회유기체론적 시각을 견지한 대표적 학자들이다(Rosser, 2010: 547–548). 사회유기체론은 사회계약론과 사회혁명론과는 구분되는 국가철학이다. 사회유기체론은 국가나 사회를 생물체의 몸과 같은 것으로 본다. 심장과 허파와 같은 생명기관은 스스로의 독자적 기능을 유지하면서 상호 긴밀하게 협력함으로써 생명체의 건강성을 유지할 수 있다. 심장과 허파는 독자적인 기능을 수행하지만, 따로 분리되어 존재한다면 그 생명체는 사망하게 된다. 각 기관이 독자적인 영역에서 자신의 정체성을 가지고 상호 긴밀한 협조가 이루어질 때 생명체가 건강하듯이, 국가의 정치와 행정도 독자성을 가지고 존재하면서, 상호 긴밀한 관계 속에 공존해야 한다고 보는 것이다. 따라서 정치와 행정은 기능 면에서 구분되지만 실제 분리되어 존재하는 것은 아니다.

> … 행정이 정치와 일정한 거리를 두고 있다고 해서 행정이 단순한 기술적인 분야에만 머무는 것은 아니다. 행정의 발전된 원리들은, 정치적 지혜의 영원한 격언과 정치적 진보라는 불변의 진리와 직접적으로 연결되어 있다.
>
> … 원칙적으로 행정연구는 정치원리에 기초를 두고 있다. 행정의 연구는 헌법적 권위의 적절한 분배를 연구하는 것이다.
>
> [출처: 윌슨 「행정연구」 제2장 행정연구의 주제 부분에서 인용]

행정은 독자적 권력을 행사할 수 있어야 한다

윌슨의 당대에는 의회가 행정을 전적으로 지배하고 있었다. 윌슨은 당시 부패한 의회와 엽관제적 정치에 종속되어 있는 무기력한 행정을 구원하고 국가의 건강성을 회복하기 위해 행정과 정치의 영역을 구분하고자 하였다.

윌슨은 정치로부터의 구분된 행정의 독자성과 고유성 확보를 주장한다. 행정이 정치적 종속에서 벗어나야 할 뿐만 아니라 행정의 영역에서 강력한 자율권을 가질 수 있어야 한다고 보았다.

이를 위해 윌슨은 행정인에게 광범위한 재량권을 부여해 주고, 그 결과에 대해 책임을 질 수 있도록 해야 한다고 주장한다. 윌슨에 의하면, 권력은 그것이 무책임하게 행사되지만 않는다면 위험하지 않다. 따라서 행정인들에게 자유재량권을 광범위하게 부여해 주고, 그러한 권력을 적절히 감시하고 추궁할 수 있으면 문제가 되는 것이 아니라고 본다.

요리사에게 음식재료를 조리하고, 불을 조절하고, 조미료를 사용할 수 있는 재량과 권한을 제대로 부여해야만 맛있는 음식을 만들 수 있는 것과 마찬가지다. 음식을 조리하는 조리사에게 권한도 주지 않고 비판과 간섭만을 일삼는다면 그 요리사는 제대로 음식을 만들 수 없을 것이기 때문이다.

> … 나는 행정가에게 상당한 정도의 재량권을 부여해야만 그에 상응하는 책임을 물을 수 있다고 생각한다. 재량권이 부여된 조건 하에서 국민은 행정을 잘하는지, 못하는지 관심을 가지고 지켜보아야 한다.
>
> … 권력과 재량권이 많이 주어질수록 적절한 감시가 확대되고, 그 권력을 남용할 수 있는 기회는 적어진다. 행정가는 이 경우 더욱더 진지해지고 주의를 많이 기울이게 되어, 업무성과가 향상될 것이다.
>
> [출처: 윌슨 「행정연구」 제2장 행정연구의 주제 부분에서 인용]

여론과 행정

행정은 여론과 올바른 관계를 유지해야 하고, 여론을 적절하고 올바른 방향으로 인도할 수 있어야 한다. 다양한 인종과 이민자들로 이루어진 미국은 다양한 집단에 의해 다양한 여론이 각양각색으로 분출되는 나라이다.

여론의 비판은 정치와 행정에 필요하고 필수적인 것이다. 다만, 공공의 비판이 능률적인 최선의 집행방법을 찾아가는 데 방해가 되지 않도록 해야 하는 것이다. 따라서 행정은 여론을 적절하게 관리하고 가르칠 수 있어야 한다.

정부가 여론을 개선하고자 한다면 우수한 공무원 집단을 확보할 수 있어야 한다. 경쟁적이고 공정한 공무원 시험을 통해 유능하고 실력 있는 공무원 집단을 육성해야 한다. 미국의 행정은 모든 점에서 여론에 민감할 수밖에 없으며, 이에 대응하기 위해서는 국민에서 봉사할 수 있는 정신을 가진 철저하게 훈련된 공무원 집단을 가져야 하는 것이다.

이러한 잘 훈련된 공무원 집단이 특수계급으로서 배타적 관료주의를 생성시킬 것이라는 우려는 존재한다. 그러나 정책이 여론에 대해 직접적이고 불가피하게 책임을 져야 하는 정치인들에 의해 결정 · 통제된다면 관료제의 폐해로부터 벗어날 수 있을 것이다.

가장 바람직한 것은 선거와 여론의 영향 아래서 자만심이나 계급의식을 갖고 있지 않으며, 국민의 생각에 긴밀하게 연결되어 있는, 충분히 발전된 공무원 제도를 갖추는 것이다.

… 여론은 정부에 동기를 부여해 주는 힘이다. 이러한 여론을 개선시키기 위해서 정부는 더욱더 유능한 공무원들을 확보해야 한다.

… 공무원 지망생들에게 경쟁시험을 치르게 하고, 이들을 중심으로 민주주의를 조직하는 것이 필요하다. 이제는 기술적으로 교육된 공무원이 필요 불가결한 시대가 되어가고 있다.

[출처: 윌슨 「행정연구」 제2장 행정연구의 주제 부분에서 인용]

Ⅲ 행정연구의 방법

비교연구의 필요성

행정기능 면에서 본다면 모든 정부는 매우 유사한 구조를 가지고 있다. 역사적인 방법과 비교의 방법을 통해 서구의 행정기술을 배워올 수 있다. 정부관리방법과 수단에 의한 외국과의 비교연구를 통해 국민의 이익에 부합하는 최선의 관리방법을 배워올 수 있다는 것이다. 윌슨은 정치와 행정을 분리하고 실용적 측면에서 발전된 선진국의 행정기술을 선택적으로 받아들여 능률적 민주주의를 발전시키는 데 활용할 수 있다고 본 것이다.

… 우리는 비교연구를 통해, 모든 정부에 유사하게 적용될 수 있는 오직 하나의 훌륭한 행정의 법칙을 발견할 수 있다. 행정기능에 관한한 모든 정부는 강한 구조적 유사점을 가지고 있다. 행정기능이 모든 정부에 한결같이 유용하고 능률적으로 적용된다면, 거기에는

반드시 강한 구조적 유사점이 존재하는 것이다.

[출처: 윌슨 「행정연구」 제3장 행정연구의 방법 부분에서 인용]

비교연구의 조건

정치와 행정은 그 영역이 구분되기 때문에 독일이나 프랑스 등의 유럽국가로부터 군주제와 같은 전제정치는 생략하고 행정기술 만을 배워올 수 있다. 독일이나 프랑스의 정치를 배울 필요 없이 행정기술을 배워, 미국의 공화정치에 적용해 볼 수 있다는 것이다. 군주제 치하에서 발전된 행정기술을 배워서, 독재군주에게 봉사하는 것이 아니라, 주권자인 국민에게 봉사하는 행정을 수행하도록 한다는 것이다.

즉, 살인자에게 칼을 쓰는 법을 배워왔지만 그 칼은 맛있는 음식을 요리하는 데 쓸 수 있어야 하는 것이다. 윌슨은 정치(의도)와 행정(행동)을 구분하여 이해하고 있지만, 정치와 행정이 분리되어 따로 존재한다고 보지는 않는다. 행정기술은 올바른 정치적 목적과 연계되어야 바른 의미를 지니는 것이다.

윌슨에 의하면, 훌륭한 행정기술을 배워 잘못된 정치에 활용하는 것은 용납될 수 없는 것이다. 살인자에게서 칼 가는 기술을 배워 또 다른 살인을 저지른다면, 그러한 행정기술은 연구하지 않고 배우지 않는 것이 차라리 나을 것이다.

윌슨이 행정기술을 비교연구하고자 하는 근본 목적은 그 행정기술을 참된 민주정치에 발전에 활용하기 위한 것이다. 따라서 윌슨에게 있어서 정치와 행정은 기능적으로 구분되지만, 따로 분리되어서 존재하는 것은 아니다. 정치와 행정은 고유의 영역을 가진 상태에서 공존하고 있는 것이다.

> … 살인을 하려는 자가 예리하게 칼을 갈고 있는 것을 본다면, 그 자로부터 살인의 의도를 배제한 채 칼을 가는 방법만을 배워올 수 있다. 마찬가지로 철저한 독재자가 행정관서를 잘 관리하는 것을 본다면, 나의 민주적 소신을 바꾸지 않고서 그의 직무방법만을 배워올 수 있는 것이다.
>
> [출처: 윌슨 「행정연구」 제3장 행정연구의 방법 부분에서 인용]

Ⅳ 요약 및 결론

지금까지 미국 행정학의 창시자이자 현대 행정학의 아버지로 불리는 우드로우 윌슨(T. Woodrow Wilson)의 핵심 논문인 「행정연구(The Study of Administration」(1887)의 내용을 소개해 보았다.

윌슨은 이 논문에서 다양한 주제를 다루고 있지만 핵심적 주제는 현대사회는 이제 정치의 시대가 아니고 행정의 시대이며, 정치학과 구분되는 새로운 독자적 학문영역으로서 행정학이 필요하다는 것이다.

윌슨이 정치로부터 행정을 구분하고 행정이 중심이 되는 행정국가의 건설을 강조한 것은 당 시대(19세기)에는 매우 의미가 있는 일이었다. 당시 미국은 의회가 행정을 지배하고 있었고, 엽관제 하에서 의회정치는 부패했다. 행정은 무기력하고 무능했다. 사회는 산업자본주의

체제로 전환되어 복잡하게 뒤엉켜 있었다. 이러한 상황 속에서 부패한 의회, 견제와 감시를 주 임무로 하는 의회가 더 이상 행정을 지배하는 것은 매우 불합리한 것이었다.

그러나 행정권이 충분히 강화되어 있는 현대국가에서도 이러한 윌슨의 논리가 그대로 적용될 수 있는가는 논란의 여지가 있다. 현대 기술 산업사회에서 관료조직과 행정권은 충분히 거대해졌고, 막강한 권한을 행사하고 있기 때문이다. 또한 현대 관료조직은 정부실패의 주범으로 지목되고 있다. 이러한 정부의 실패를 해결하기 위해 시장과 시민사회의 역할이 강조되고 정부의 역할 축소가 논의되고 있는 것이다.

현대사회의 관점에서 윌슨의 행정국가론은 다양한 평가와 비판이 가능할 것이다. 그러나 윌슨이 정치와 정치학으로부터 독립된 영역에 행정과 행정학이 존재하고 있음을 확인해 준 공로는 누구도 의심할 수 없다.

제 3 장 우드로우 윌슨 '행정연구'의 전문 해석[1)]

The Study of Administration

[본문 요약]

여기서는 우드로우 윌슨(T. Woodrow Wilson, 1856~1924)의 논문 「행정연구(The Study of Administration)」(1887)의 전문을 그대로 번역 · 소개한다. 윌슨의 논문 내용에 대한 요약 설명은 제2장에 소개되어 있다.

많은 논란에도 불구하고 윌슨의 이 논문은 현대 행정학의 시작을 알리는 글로서 역사적 가치를 가지고 있다. 윌슨은 이 논문을 발표함으로써 현대 행정학의 개척자 혹은 현대 행정학의 아버지로 불리고 있다. 이 논문은 윌슨이 1886년 11월 코넬 대학 정치역사학회에서 강연한 세 가지 주제의 내용을 모아서, 1887년 6월 『미국정치학계간지(*PSQ*)』에 발표한 것이다. 이때 윌슨의 나이는 30세였다.

윌슨은 이 논문에서 왜 정치와 행정을 구분해서 접근해야 하며, 이제는 정치보다는 행정이 중요한 행정의 시대임을 선언한다. 또한 그는 왜 행정학이라는 새로운 사회과학의 분과학문이 필요하고, 행정학에서는 무엇을 연구해야 하며, 실제적으로 어떤 방법으로 연구할 것인가의 문제를 다루고 있다.

이 논문은 세 가지 다른 내용의 강연을 묶어서 편집한 것으로, 내용의 논리적 전개나 논문으로서 형식적 체계는 미흡한 편이다. 광범위한 영역을 다루고 있음에도 불구하고 각주는 후주 단 두 개에 불과하다. 논문으로 형식체계는 미흡한 편이지만 이 논문은 행정학을 공부하는 사람들이 반드시 이해하고 넘어가야 할 기본적인 고전임에는 틀림이 없다. 여기서는 독자의 이해를 돕기 위해 직역보다는 의역을 주로 하였다.

---

1) Woodrow Wilson(1887), "The Study of Administration," *Political Science Quarterly*, Ⅱ(1), June: 197-222의 전문을 완역한 것이다. 이 논문의 전체를 통틀어 각주는 논문의 말미에 있는 후주 단 두 개에 불과하다. 따라서 이 장의 모든 각주는 역자 주이다.

대부분의 실천학문은 사람들이 필요로 하는 곳에서 연구된다. 행정학이라는 분명한 실천학문이 미국 대학의 교과과정에서 새롭게 자리를 잡아가고 있는 것은 이 나라가 지금 행정에 관한 지식을 필요로 하고 있다는 것을 보여준다. 이러한 사실의 증명을 위해 대학 프로그램까지 면밀히 조사할 필요는 없을 것이다.

현재의 공무원 제도 개혁에 관한 목표가 달성되더라도 앞으로 정부조직과 관리방법의 영역까지 개혁은 확산되어야 한다고 생각한다. 아직까지는 공무원 제도의 개혁이 정부조직과 관리 문제에 비해 상대적으로 매우 시급한 과제이다.

행정연구의 목표(object)는, 첫째, 정부가 무엇(what)을 적절하고 성공적으로 할 수 있는가, 둘째, 어떻게(how) 가능한 최소의 비용과 에너지를 투자하여 능률적으로 그러한 일들을 처리할 수 있는가의 문제에 대한 해답을 발견해 가는 것이다.[2)]

---

2) It is the object of administrative study to discover, first, what government can properly and successfully do, and, secondly, how it can do these proper things with the utmost possible efficiency and at the least possible cost either of money

이러한 두 가지 문제에 대해서는 아직도 많은 연구와 지혜가 필요하며, 주의 깊은 연구만이 그러한 필요를 충족시켜줄 수 있을 것이다.

본 논문에서는 먼저, 이러한 행정연구가 실질적으로 이루어지기 위해서, 우선적으로 고려해야 할 문제를 세 가지 영역으로 나누어 검토해 보고자 한다.

Ⅰ. 첫째, 행정연구의 역사에 관한 것이다. 여기서는 다른 나라 사람들은 같은 맥락에서 행정을 어떻게 연구해 왔는가를 검토한다.

Ⅱ. 둘째, 행정연구의 주제가 무엇인지를 규명하는 것이다. 여기서는 행정연구의 대상과 범위가 무엇인지 구체적으로 밝혀본다.

Ⅲ. 셋째, 행정연구의 방법에 관한 것이다. 행정발전에 필요한 가장 적절한 연구방법이 무엇인가와 그러한 방법에 의해 연구를 수행할 때 고려해야 할 정치적 의미는 무엇인가를 검토한다.

만약에 우리가 이러한 문제들에 대해 알지 못하거나 정리하고 있지 못한다면, 항해 지도나 나침반 없이 먼 바다를 향해 출발하는 것과 같을 것이다.

Ⅰ 행정연구의 역사

행정학(the science of administration)은 정치학 연구의 가장 최근

---

or of energy.

성과물이다. 정치학은 2,200년이라는 학문의 역사를 가지고 있다. 그런데 행정학은 19세기 그것도 우리의 세대에 와서 비로소 탄생했다.

행정학은 왜 이렇게 늦게 세상에 태어났는가? 왜 그 자신의 모습을 드러내는 데 있어 이 복잡한 우리의 세기까지 기다려왔는가?

행정은 정부의 가장 분명한 부분이고,[3] 행동하고 있는 정부(government in action)이다. 행정은 정부의 집행영역이고, 정부를 운영하는 것이며, 사람들이 가장 가까이서 접할 수 있는 눈으로 관찰되는 영역이다. 따라서 행정의 역사는 정부의 역사만큼이나 오래된 것으로 볼 수 있다.[4]

이처럼 행정을 행동하고 있는 정부라고 보면, 행정은 그동안 많은 사람들의 관심의 대상이 되어 왔을 것이고, 고대로부터 체계적 사상의 역사 속에서 많은 정치학자들의 관심과 연구의 대상이 되었을 것이라고 자연스럽게 생각할 수 있다.

그러나 현실은 그렇지 않았다. 19세기에 이르기 전까지는 아무도 정부학(the science of government)의 한 가지(branch)로서 체계적인 행정연구를 하지 않았다. 현세기에 초반기를 지나면서 비로소 행정에 대한 학문적 연구가 시작되었다.

---

3) 여기서 말하는 정부는 입법(legislation), 사법(jurisdiction), 행정(administration)을 포함한 국가의 포괄적 통치 기구를 의미한다. 미국에서는 이처럼 포괄적 국가 통치 기구를 정부라고 부른다. 행정부는 행정(administration)이라고 한다. 반면, 한국이나 일본에서 말하는 정부는 대통령이나 내각을 중심으로 구성된 행정부나 내각과 같은 집행부를 의미한다.

4) Administration is the most obvious part of government; it is government in action; it is the executive, the operative, the most visible side of government, and is of course as old as government itself.

지금까지 대부분의 정치학자들은 정부의 구성 문제에 관심을 기울여 왔다. 국가의 본성, 주권의 본질과 지위, 대중권력과 왕의 특권, 정부의 본질적 의미와 본질, 인간의 본성과 의도에 의해 추구되는 정부의 목표들과 같은 것들이 연구의 중심 주제였다.

군주제는 민주제를 억압하여 왔으며, 과두제(寡頭制)에서는 소수 집단이 특권의 요새를 쌓아 왔었고, 전제정치는 모든 도전자들을 제압하기 위해 압제자의 요구를 정당화하는 기회를 잡고자 하였다와 같은 거대 정치이론들이 중심이었다.

이러한 쟁점들 사이에서 행정은 관심의 대상이 되지 못했다. 누가(who) 법을 만들 것인가? 법의 존재의미는 무엇인가? 같은 문제들에는 관심을 기울였지만, 어떻게(how) 하면 법을 현명하고, 공평하고, 신속하고, 마찰 없이 운영할 수 있을 것인가? 같은 행정적 문제들은 등한시하였다. 지금까지 행정은 박사가 원칙을 정해주면 그에 따라 업무를 처리하는 서기의 일처럼 "단순하고 세부적인 사무처리(practical detail)" 정도로 간주되었던 것이다.

이러한 정치철학의 흐름은 무슨 문제가 되거나 당시의 상황에 비추어 이상한 변덕을 부린 것이라고 할 수는 없다. 헤겔(G. W. F. Hegel)이 "철학이란 추상적인 사상으로 표현된 시대정신의 반영에 불과한 것이다."라고 지적했듯이 당대의 정치철학은 다른 철학과 마찬가지로 당시의 시대상황에서 제기되는 문제를 반영하는 거울(mirror)일 수밖에 없는 것이다.

초기 역사 시대의 국가 문제는 대부분 정부의 구성에 관한 것들이었고, 정치철학자들은 이 문제에 주된 관심을 기울일 수밖에 없었다.

당시에는 행정가들이 조심해야 할 문제가 없거나 있다 해도 사소한 것이었다. 정부의 역할도 크지 않았고 그 기능 자체도 매우 단순하였다. 정부 자체도 복잡한 국민의 요구를 들어서 통치하기보다는 대부분 명령과 강제에 의해 일방적으로 통제하고 관리했다. 국가재정도 역시 재무담당 관리를 당황하게 할 만큼의 복잡한 수입과 채무로 구성되어 있지 않았다. 지배 권력을 가지고 있는 사람 중에서 그러한 행정 문제를 처리하면서 어쩔 줄 몰라 당황하는 사람은 거의 없었다. 가장 중요하고 핵심적인 하나의 질문은 누가 소유할 것인가의 문제였다. 인구는 작은 규모였고, 재산의 종류는 단순했다. 그들에게 많은 농장은 있었지만 주식이나 채권은 없었으며, 가축의 수에는 관심을 가졌지만 투자로 얻은 이익이라는 개념은 없었던 것이다. 이러한 현상은 과거시대의 이야기이기는 하지만 최근까지도 크게 다르지 않다.

물론 현재의 복잡한 무역거래나 상거래의 어려움, 급속한 국가부채의 증가 같은 것들은 우리와 가까운 세기(18세기)뿐만 아니라 과거에도 존재했다. 엘리자베스 여왕(Queen Bess)은 의심할 여지없이 16세기의 독점현상을 다루어 나간다는 것은 매우 복잡하고 어려운 것이라고 생각했다. 그러나 그 시대의 독점 문제라는 것은 19세기에 대두된 거대한 독점의 문제에 비교하면 참으로 단순하고 미미한 것이었다. 블랙스톤(Blackstone)은 기업이라고 하는 비난받을 몸도 저주받을 정신도 없는 행위의 주체를 인정할 수 없었고, 그러한 유감스러운 문제를 이해하는 데 한 세기를 소비하였다. 또한 현재 산업사회를 혼란스럽게 하는 경영자와 노동자 사이의 계속적인 갈등도 역시 흑사병이 전 유럽을 휩쓸거나, 초기의 노동관계 법령이 제정되기 이전부터 존재했다. 그러나 그 당시 노사 문제가 현재 우리들이 겪고 있는 것처럼 어렵고, 그렇게 대단한 비중을 차지하는 문제가 될 줄은 아무도 상상하지도 못했던 것이다.

요약해서 말하면, 정부 행위의 어려움은 지나간 역사 속에서도 나타나고 있지만, 그러한 어려움들은 그 규모와 복잡성이라는 면에서 현재와는 비교할 수 없으며, 이제 최고의 정점에 도달해 있는 것이다.

이것이 오늘날 행정적 과업이 주의 깊게 검증된 정책의 표준에 대해 신중하고 체계적으로 적용되어야 하는 이유이며, 과거에는 존재하지 않았던 행정학이라는 새로운 학문분야가 절실하게 필요한 이유이다.

물론 아직 헌법과 정치원리에 대한 중요한 쟁점들이 있고, 그러한 문제들에 대한 토론들이 종결된 것은 아니다. 그러나 이제 헌법적 쟁점들이 행정적 문제보다 더 직접적이고 실천적 중요성을 가지는 시대는 아니다. 헌법을 구성하는 것보다 헌법을 운영하는 문제가 더 중요하고도 점점 더 어려운 문제가 되어 가고 있는 것이다.[5] 배저트(W. Bagehot)는 과거의 행정과 현대의 행정 사이의 차이점을 다음과 같이 묘사하고 있다.

> 옛날에는 군주가 멀리 있는 지방을 통치하고자 할 때는 총독과 몇몇 부하를 같이 임지로 보냈다. 만약에 총독이 임지에 부임한 뒤 같이 간 신하 중 한두 명을 군주에게 보내어 자기의 소식을 알리지 않으면, 군주는 그 총독이 일을 잘하는지 그 지방에서 무슨 일을 하는지 전혀 알 수가 없었다. 총독의 업무를 감독한다는 것은 사실상 불가능했던 것이다. 단지, 간간히 들려오는 소문이나 우연한 보고서들이 판단 근거의 전부였던 것

5) It is getting to be harder to run a constitution than to frame one.

> 이다. 만약에 군주가 그러한 몇 가지 정보를 토대로 그 지방의 상태가 좋지 못하다고 판단되면 총독을 불러오고 새 총독을 파견하곤 하였다.
>
> 현대 문명국가에서는 그 과정이 다르다. 통치가 필요한 지역이 있으면 그곳에 관청을 세운다. 관청에서 문서를 보내오게 하고, 문서를 보내기도 한다. 지방관청에서는 페테르부르크(St. Petersburg)에 있는 본부에 그 지방의 업무에 관하여 하루에 8개의 보고서를 올린다. 만약에 중앙정부가 그들을 통제하거나, 업무를 제대로 수행하고 있는가를 감시하기 위해, 보고서를 수집하지 않으면, 지방에서도 보고서 작성하는 일을 하지 않을 것이다. 이 결과, 중앙부처의 책임자는 뛰어난 자질과, 잘 훈련된 능률적인 처리능력, 정확하고 규칙적 근면성이 있어야만 감당해 낼 수 있는 많은 양의 독서량과 업무가 주어지게 되는 것이다(주1).

예전에 단순했다고 해서 지금까지도 단순하게 처리할 수 있는 정부의 의무는 거의 없다. 과거의 정부는 소수의 주인 밖에 없었지만, 지금은 다수의 주인을 가지고 있다. 과거에 대중은 단순한 지배의 대상이었으나, 이제는 정부를 이끌어가는 복잡한 주권자가 되었다. 옛날에 정부는 법원의 결정을 따르기만 하였으나, 이제는 국가와 국민의 견해를 따라야 한다.

이러한 관점들은 국가의 의무에 대한 새로운 개념을 계속 넓혀가고 있다. 정부의 기능도 하루가 다르게 더 복잡하고 어려워져가고 있으며, 그 기능은 수적으로도 매우 빠르게 증가하고 있다. 행정은 여러 분야에서 새로운 다양한 일들을 떠맡고 있다. 예를 들면, 정부 우편업무의 효용성, 저렴함, 성과들을 토대로 미국의 초기 전신통제체계가 건설되고 있다. 미국정부가 전신망과 철도선을 건설하거나 구입하는데 있어 유럽정부의 지도를 받지 않더라도, 우리 자신이 복잡한 회사의 주인처럼 행동해야 한다는 것을 의심하는 사람은 아무도 없을 것이다. 과거의 주위원회에 더하여 국가 철도위원회를 만드는 것은 매우 중요하고 복잡한, 행정기능의 확장을 의미하는 것이다. 어떤 권위를 유지하든지 간에 주정부나 연방정부는 회사도 떠맡아야 하는데, 이를 위해 적지 않은 지혜와 지식, 경험을 바탕으로 주의와 책임을 감당해야 한다. 정부가 임무를 제대로 수행할 수 있도록 이런 모든 것들을 연구해야 한다.

국가의 이념과 그 이념에 대한 책무에 관련된 사고는 이제 주목할 만한 변화를 경험하고 있다. 이제 "국가의 이념을 실현하는 것은 행정의 임무가 되었다."[6]고 할 수 있다. 매일매일 국가가 해야 할 새로운 일들이 나타나면, 다음 단계에서는 행정이 다양한 일들을 떠맡아 그것을 어떻게(how) 해결해야 할 것인가를 준비해야 한다.

이것이 오늘날 행정학이 존재해야 하는 이유이다. 행정학은 정부가 가야 할 바른 길을 제시하고, 주어진 업무를 적절하고 능률적으로(less unbusinesslike) 처리하며, 조직 강화와 정비를 통해 정부의 책무를 훌륭히 수행할 수 있는 방법을 찾아가야 한다.

이러한 학문(science)은 어디에서 발전해왔는가?

그동안의 행정연구의 학문적 성과는 미국의 현실에서 도출된 것은 아니다. 시정부의 유해한 환경, 주정부의 은폐된 비밀, 워싱턴 행정부에서 발견되는 혼란이나, 무기력, 부패 현상들을 볼 때, 현재 미국에는 좋은 행정을 의미하는 어떤 개념도 아직 정립되어 있지 않은 것 같다.

---

6) the idea of state is the conscience of administration.

그렇다. 지금까지 미국의 학자들은 행정학의 발달에 중요한 역할을 담당하지 못했다. 행정에 대한 지식은 주로 유럽의 학자들에게서 왔다. 그것은 미국말이나 미국의 원리로 쓰여지지 않은 외국의 학문이다. 그 이론들은 외국어로 서술되어 있으며, 미국인에게는 생소한 것이다. 유럽 행정학의 이론들이 제시하고 있는 목적, 예시, 조건들은 그 나라의 인종적 역사나, 외국 체제의 선례, 외국 혁명의 교훈 등에 근거하여 만들어진 것이다. 유럽의 행정학은 주로 프랑스와 독일의 교수들에 의해 연구되었다. 그 결과 행정의 지식은 규모가 작은 나라에 적합한 지식, 혹은 고도로 중앙 집권화된 나라에 걸맞은 지식의 형태로 형성되었다.

행정학이 미국의 학문이 되기 위해서는 단순하고 조그만 나라에 적용될 수 있는 이론이 아닌, 복잡 거대하고 다양한 국가에 적합한 고도로 분권화된 형태의 정부에 적용될 수 있는 이론이어야 한다. 만약 미국에서 유럽의 행정이론을 채택한다면 우리는 그 이론을 미국화해야 한다. 형식적으로 언어만을 미국말로 번역하는 것이 아니라 사상이나 원리 목적 등을 근본적으로 바꾸어야 한다. 즉, 미국의 행정이론은 미국 헌법과 이념에 부합해야 하고, 미국의 정신에 알맞은 관료 조직을 구축해야 한다. 자유로운 미국의 공기를 충분히 흡입할 수 있어야 한다.

보통 선거가 오래전부터 실시되고 있었던 영국이나 미국보다, 절대군주가 오랫동안 독점적 권력을 행사해온 독일이나 프랑스 같은 유럽 국가에서, 행정에 대한 학문적 연구가 먼저 발달한 이유는 무엇일까? 여기서 다음 두 가지로 설명하고자 한다.

첫째는 유럽에서의 전제정부는 대중의 여론으로부터 독립되어 있었다는 점이다. 이러한 전제군주가 다스리는 국가의 정부는 여론에 따라 무엇을 해야 할 것인가를 찾는 것이 아니다. 정부는 지배자로서 통치자의 역할만을 수행한다. 둘째는 절대군주의 정부를 독점적으로 유지해 나가기 위해서 국민들을 자극하지 않는 통치방법을 발견하는 것이 필요했다는 것이다. 게다가 그들은 소수였기 때문에 그러한 수단을 손쉽게 적용할 수 있었다.

여기서 유럽 정부를 언급함에 있어서 영국은 포함시키지 않는다. 영국은 시대의 변화를 거슬러가지 않았다. 귀족의 특권정치에서 민주적 권력체제로 이행하는 과정에서 나타나는 격렬한 혼란을 점진적 헌법 개혁의 느슨한 방법으로 조정해 나갔다. 혁명의 기운을 방해하지도 않으면서 평화적인 방법으로 개혁의 길을 갔던 것이다.

그러나 대륙에 있는 많은 유럽 국가들은 오랫동안 모든 변화에 저항했다. 그들은 단지 절대왕정의 혹독한 통치방법을 부드럽게 변화시킴으로써 혁명의 기운을 잠재우려하였던 것이다. 지속적으로 일어나는 마찰을 피하기 위해 통치구조 및 제도를 보완하여 완전하게 하고자 하였고, 잠재되어 있는 증오심을 무마하기 위해 국민의 입장을 고려하는 방향으로 통치방법을 개선하였다. 또한 모든 계급에 보조금을 지급하도록 하면서 국민 자신이 산업에 꼭 필요한 사람이라고 생각하도록 하였다. 이들 국가들은 결국 헌법과 참정권을 국민에게 선물했다. 그러나 가부장적 전제군주제에 의한 통치는 계속 유지하고자 하였다. 대륙의 국가들은 그들 정부를, 매우 능률적이어서 없어서는 안될 필요 불가결한 존재이고, 부드럽게 운영되기 때문에 별다른 문제가 없으며, 매우 현명하기 때문에 쉽게 필요성에 의문이 제기될 수 없고, 매우 친절하기 때문에 국민에게 의심받을 여지가 없으며, 너무 힘이 강력하여서 국민이 대적할 수 없는 존재로 만들고자 하였다. 이를 위해 행정에 대한 체계적 연구를 필요로 했던 것이다.

반면에, 미국에서는 정부를 운영하는 데 큰 어려움을 느끼고 있지 못했다. 새로운 개척의 나라 미국에서는 누구에게나 주어지는 유리한 고용기회가 있었고, 자유주의 정부원리와 실제 정치의 다양한 기법들이 주어졌다. 따라서 오랫동안 행정의 계획과 방법의 문제에 대해서 심각하게 고민해야 할 필요성을 느끼지 못하였다. 그동안 미국사람들은 유럽에서 미국도서관으로 보내지는 출판물에서 볼 수 있는 정부운영의 방법에 관한 많은 연구와 어려운 실험의 중요성과 효용에 대해서 큰 관심을 기울이지 않았다. 미국은 이제 갑자기 덩치가 커지고 키가 커졌으나 행동은 매우 서투른 어린이처럼, 정부 규모와 복잡성이 증대해 가는 데 비해 정부를 관리하는 기술은 보조를 맞추어 가지 못하고 있다. 정부는 강해졌지만 어떻게 행동해야 할지는 잘 모르고 있다. 미국은 헌법을 건강하게 발전시키는 데 있어서는 유럽보다 훨씬 유리한 여건에 있지만, 주의 깊고 폭넓은 행정적 지식의 발전이라는 면에서 보면, 유럽 여러 나라들에 비해 매우 불리한 상황에 놓여 있다.

현대의 주요 국가들의 헌법의 역사를 볼 때, 정부 발전의 시기는 다음의 세 단계로 나누어 볼 수 있다. 이 과정을 통해 정부는 낮은 과정을 지나 현재의 가장 높은 발전 단계에 도달하게 된다.

첫 번째 단계는 절대군주가 통치하던 시기이며, 이 시기에는 절대통치에 적합한 행정체제가 형성된다. 두 번째 단계는 전제군주제를 폐지하고 이를 대중의 통제로 대체하기 위해 새로운 헌법을 구성하는 단계이다. 이 시기에 행정은 주 관심의 대상이 아니다. 세 번째 단계는 국민이 권력의 주체가 되는 새로운 헌법 아래서, 주권자로서 국민이 행정을 발전시켜야 할 책임을 떠맡게 되는 시기이다.

절대군주 체제를 계속 유지하고 있기는 하지만, 자유주의 시대의 사상적 흐름을 수용하고 있는 계몽군주가 있는 나라에서 행정이 가장 먼저 발달하기 시작했다. 계몽군주는 절대군주라 하더라도 통치자는 국민에 대한 봉사자라는 현대적 정치이념을 받아들인다. 그러한 나라에서는 군주 한 사람의 개인의지에 따라 일반의 복지문제를 간결하고 효과적으로 해결하고자 정부 행정을 조직화했던 것이다.

이러한 경우의 대표적인 예는 독일의 프러시아(Prussia)[7]에서 발견할 수 있다. 프러시아는 내가 보기에 행정이 가장 많이 연구되었고, 거의 완벽하게 수행된 나라이다. 프레데릭 대왕(Frederic the Great)[8]은 비록 엄격하였고 지배자로서 위엄을 과시하려고 하기는 했지만, 그 자신이 국가에 대한 유일하고도 중요한 봉사자라고 생각했으며, 그의 거대한 관청을 공공의 업무를 위임받은(public trust) 장소로 간주했다. 그의 아버지의 업적을 이어 받아 프레데릭 대왕은 아주 열정적으로

---

7) 독일어로는 프로이센(Preussen). 당시 독일은 여러 개의 왕국으로 분할되어 있었는데 1871년 프로이센이 중심이 되어 독일을 통일했다. 따라서 여기서 말하는 프로이센을 현재의 독일로 이해해도 무방할 것이다.

8) 프러시아 역사 속의 가장 위대한 왕으로 독일어로 프리드리히 2세(Friedrich Ⅱ, 1740~1786)이다. 프레데릭 대제(Frederick the Greate), 프리드리히 대왕 등으로 불린다.

프러시아 정부의 공공 서비스를 국민들에 대한 서비스로 조직하기 시작하였던 것이다.

그의 절대군주제도의 계승자인 프레데릭 윌리엄 3세(Frederic William III)[9]도 슈타인(L. von Stein)의 생각에 영감을 받아 이러한 작업을 더 발전시켜 나갔다. 그리고 실질적으로 오늘날의 프러시아 행정을 형성한, 구조적 측면에 대한 개혁을 포괄적으로 계획하고 시도하였다. 이와 같이 프러시아의 대부분의 행정체계는 왕이 솔선하여 주도함으로써 시작되었던 것이다.

이와 유사한 현상이 현대 프랑스 행정에도 나타났다. 영토의 적절한 분할과, 관청의 규칙적인 등급화 등과 같은 것들이 그것이다. 프랑스에서 혁명의 시대(제헌의회 시대)에는 헌법을 구상(writing)하는 시기였을 뿐, 헌법을 선택(making)한 시기는 아니었다. 혁명은 내가 앞에서 말한 정부 발전의 두 번째 단계로의 진입이라고 볼 수 있다. 이는 프랑스에 헌법 발전의 시기가 도래했음을 예고했다. 그러나 혁명은 새로운 헌법 구성이라는 정부 발전의 두 번째 단계를 실질적으로 마무리해내지 못했다. 혁명은 절대주의를 뿌리 채 흔들고, 공격했지만 절대주의 자체를 파괴시키지는 못했다.

나폴레옹(Napoleon)은 프랑스의 군주제를 계승하였고, 그들이 과거에 소유했던 것과 같은 무제한적인 권력을 사용했다. 나폴레옹에 의해 시작된 프랑스 행정의 재조명은, 새로운 헌법체제가 구축되기 이전에 출현한 것이다. 나폴레옹의 프랑스 행정개혁은 프러시아에 이은 계

9) 독일어로는 프리드리히 빌헬름 3세(1786~1840), 독일 행정학자 슈타인(1815~1890)과 부분적으로 시기가 겹친다.

몽군주에 의한 행정발전의 또 다른 사례가 될 것이다. 이 시기에는 어떤 기업이나 대중의지도 나폴레옹이 명령했던 그러한 개혁 방침에 영향을 미치지 못했다. 그러한 개혁은 지방적 편견을 줄이는 데 있어서 매우 명료했고, 대중의 선택에 별 주의를 기울이지 않으면서도 매우 논리적이었으므로 제헌의회에 의해 법령으로 발표될 수도 있었을 것이다. 그러나 이러한 행정개혁은 전제군주의 절대적 권위에 의해 이루어졌다. 나폴레옹의 8년 간 통치체제(1804~1812)는 매우 철저하였고, 냉혹하리만큼 완벽하였다. 그러한 것들은 상당부분 이전에 붕괴되었던 전제주의(despotism)에로의 복귀를 의미하는 것이었다.

계몽군주 아래서 행정체계를 정비해나간 몇몇 유럽 국가와는 달리, 일찍이 새로운 헌법을 제정하고 대중적 개혁을 이루어낸 국가들의 경우는, 행정개혁이 더디게 이루어지거나 부분적으로만 이루어졌다. 한 번 국가가 헌법을 제정하는 일에 관심을 기울이게 되면, 그러한 작업을 중도에 그만두기는 어렵다. 또한 헌법을 제정하는 도중에는 국민을 위해 기술적이고 경제적인 행정을 수행할 수 있는 능력 있는 관청을 만들려고 노력하는 것도 어려워진다. 헌법을 보완·수정하는 작업은 끝이 없다. 보통의 헌법은 수정하거나 보완하지 않으면 10년을 지속하기 어렵다. 이렇게 하여 헌법이 정비된 후에야 비로소 행정적 세부지침을 준비할 수 있게 되는 것이다.

영국에서는 대헌장(Great Charter)[10]에서 비롯된 헌정체계가 뿌리

10) 1215년 존왕과 귀족들 간에 체결된 권리선언, 마그나 카르타(Magna Carta).

를 내리기 전인 앙제빈 왕조(Angevin Kings)[11] 때 법률적・행정적인 개혁을 시작하였다. 이러한 개혁 작업은 강한 추진력을 지닌 헨리 2세(Henrry Ⅱ)의 감각과 정력에 의해 진행되었다. 이 시기에는 다른 나라에서와 같이 왕이 주도권을 잡고 개혁 작업을 이끌어 나갔다. 그러나 충동적이고 모험적인 리처드(Richard)와 나약하고 겁 많은 존(John)은 그들 아버지인 헨리 2세의 그러한 계획을 이어받아 추진할 위인들이 못되었다. 그들의 통치기간에는 행정발전보다는 헌법적 투쟁에 관심을 기울였다. 결국 영국의회(parliament)는, 영국의 군주가 나라의 시민에게 봉사할 수 있는 계몽된 양심을 발휘하기 이전에 이미 이 나라의 왕의 지위에 올라서 버린 것이다.[12] 결과적으로, 영국민족은 오랫동안 집행 권력을 견제하는 기법에 대해 연구를 해온 반면, 집행의 방법을 완성하는 기법에 대한 연구는 등한시해왔다. 영국은 정부의 에너지를 발휘하게 하는 데보다는 정부를 통제하는 데 더 많은 노력을 기울였던 것이다. 정부를 손쉽게 하고, 질서 있게 하고, 효과적으로 하는 것보다는, 올바르고 온건하게 만드는 데 더 관심을 기울였다.

따라서 영국과 미국의 정치역사는 행정발전의 역사가 아니라 입법감시의 역사였다. 다시 말하면, 정부조직의 발전이 아니라 법률 제정

---

11) 앙주 왕조, 플랜태저넷 왕조(1154~1399)라고 불리기도 한다. 헨리 2세(1154~1189)에서 시작하여 리처드 1세(1189~1199), 존(1199~1216), 헨리 3세(1216~1272)를 거쳐 지속되다가 리처드 2세(1377~1399)에서 끝났다. 이후 영국과 프랑스 간의 백년전쟁(1377~1453), 왕위계승을 위한 장미전쟁(1455~1485)을 거쳐 헨리 7세(1485~1509)의 튜더 왕조로 이어진다.

12) 영국은 1688년 명예혁명 후 왕은 군림하되 통치하지 않는다는 입헌군주제와 내각책임제를 구축하였다. 따라서 독일과 프랑스 같은 절대주의적 계몽군주가 나타날 수 있는 기회가 없었다는 것이다.

과 정치적 비판의 역사였다. 그러나 이제는 행정연구와 개혁이 정부의 발전을 위해 매우 필요한 시기가 되었다. 오랫동안 이어져 온 헌법 제정의 관행에서 이제 벗어날 때가 되었다. 민주 헌법의 필수적 원리를 구축하는 문제라면 이제는 마무리 단계에 와 있다고 할 수 있다. 물론 그동안 이루어온 환경을 벗어나자는 것은 아니다. 이제 새롭게 창조해 나가야 할 미래를 이야기하고 있는 것이다.

미국은 이제 내가 앞서 말한 정부발전의 세 번째 단계에 도달해 있다. 절대주의 권력과 싸워서 쟁취한 헌법 아래서 행정을 발전시켜야 하는 단계이다. 그러나 미국은 유감스럽게도 아직 새로운 시대의 과업에 대해 준비되어 있지 않다. 이러한 설명은 미국이 실천적 정치기술과 지혜라는 면에서 단연 앞서가고 있음에도 불구하고, 다른 나라들에 비해 행정조직이나 기술이 매우 뒤쳐져 있다는 당혹스러운 현실에 대한 변명이 될 수 있다. 예컨대, 미국은 50여 년 동안 부패해왔던 공무원제도를 왜 이제야 개혁하기 시작했느냐?라는 물음에 대해, 과거의 노예체제를 변화시키고자 하는 정치적 혼돈 속에 놓여 있었기 때문에 행정발전이 늦어졌다라고 설명할 수 있는데, 이는 헌법적 문제와 정치적 논쟁적 상황 속에서는 행정발전이 제대로 이루어지지 않는다고 하는 위의 설명을 반복하는 것이 될 것이다.

이성적 선택은 다른 유럽의 나라들의 경우가 아니고, 영국이나 미국의 정치 과정을 선택하는 것이다. 우리는 프러시아의 행정기술을 얻어오기 위해 프러시아의 역사를 가져오는 것을 바라지는 않는다. 프러시아의 특별한 행정체계는 우리를 질식시킬 것이다. 노예적이고 체계적인 행정체계보다는 자유롭고 비숙련된 편이 차라리 더 나을 것이다.

그러나 이 두 가지의 장점을 합하면, 즉 정신에 있어 자유롭고 실천에 있어 능률적이라면 그것은 훨씬 더 바람직한 일이 될 것이다. 이렇듯 미국적 토대에 바탕을 둔 실천적 행정학을 발전시켜 나가고자 할 때 부딪히는 어려움은 어떤 것인가?

그것은 대중이 주권을 가지고 있다는 사실이다. 민주주의 제도 하에서는 군주제 하에서 보다 행정을 발전시켜 나가는 것이 더 어렵다. 그렇다면 우리는 많은 희생을 들여가며 얻어낸 민주헌정 체계의 완성이 어떤 의미가 있는 것인가라는 질문을 던지며 당황하게 된다.

우리는 여론을 지난 시절 왕의 자리에 올려놓았다. 그리고 여론이 지배하는 동안에 정부가 제 기능을 안정되게 수행하년서, 혹은 전문적인 집행능력을 발휘하면서, 주권자를 손쉽고 신속하게 관리한다는 것은 어려운 일이 되었다. 우리가 민주적이고 대중적인 통치체제를 완벽하게 완성했다는 바로 그 사실이 대중통치를 조직화하는 일을 더욱더 어렵게 만들고 있는 것이다.

민주주의 체제에서는 개개인이 국가의 주인이다. 따라서 발전을 이루어내기 위해서는 여론을 구성하는 수많은 왕들로 구성된 국민을 지도하고 설득해야 한다. 전제주의 체제에서는 왕 하나만 설득시키면 되지만 민주주의 체제에서는 다수를 설득시켜야 하는 것이다. 민주국가에서 개개의 주권자는 개인적인 차원에서 나름대로의 계획을 세우고 집행해나갈 것이다. 사람마다 각각의 생각이 있으며, 하나의 명령에 하나의 의견을 표현할 것이다. 또한 이사람 저사람 다른 견해를 다양하게 주장할 것이다. 따라서 전체 국민들에게서 간단하게 그들의 의견을 모을 수 없게 된다. 다양한 의견을 종합하고, 계획을 다듬거나 올바른 원칙임을 강조함으로써 타협을 얻어내야만 한다. 이로 인해 수년 동안 해결을 보지 못하고 질질 끄는 문제가 존재할 수 있으며, 전체의 수정과정을 통해서도 수많은 주장들이 난무하게 될 것이다.

다른 미덕과 마찬가지로, 정부에서 부딪히는 일 중 가장 어려운 것은 진보를 이룩해 내는 일이다. 옛날에 진보가 어려웠던 이유는 주권자인 군주가 대개는 이기적이고, 무지하고, 소심하고, 어리석었기 때문이었다(물론 그중에는 현명한 사람도 있기는 하다). 그러나 현재에는 주권자인 수많은 국민들이 이기적이고, 무지하고, 소심하고, 완고하고, 어리석기 때문에 어려운 것이다(역시 그중에 현명한 사람도 다수 있기는 하다). 옛날의 개혁가들이 가질 수 있는 장점은 주권자의 의도를 단순하고 정확하게 파악할 수 있었다는 점이다. 개혁의 방향은 군주 한 사람의 생각과 결단에 전적으로 의존했다. 한 사람의 머릿속에 들어 있는 개혁의 방향은 쉽게 파악될 수 있는 것이었다. 물론 군주가 소규모로 적당히 개혁의 방향을 잡을 수 있고, 몇몇 측근들의 영향력 하에서 개혁의 방향이 잘못될 가능성도 높다는 것이 단점이었다.

반면에, 현재의 개혁가는 주권자의 의도를 정확하게 알 수 없으며, 그들의 의도는 수백만 명의 유권자들의 머릿속에 들어 있다는 사실에 당황한다. 그리고 주권자들의 마음은 그들이 선호하는 정치인들의 영향력 아래 놓여 있다는 사실에 놀라게 된다. 정치인을 선호한다는 것은 전통적인 의미의 개인을 선호하기보다는 일정한 방향으로 사전에 인식된, 이성적으로 검증되지 않은 편견과 같은 여론을 선호하게 되는 것이기 때문이다.

이러한 어려운 상황 속에서도 정부가 지켜야 할 첫 번째 원칙은 모든 일에 있어서 여론을 고려해야 한다는 점이다. 실천적 개혁은 서서히, 그리고 충분한 타협을 통해서 이루어져야 한다. 정부는 여론을 통해서 운영되어야 한다. 지금은 이러한 원칙들이 지구의 절반에서 하나의 공리가 되었다. 현재에는 러시아에서 조차도 이러한 것들이 받아들여지고 있다.

현재의 입헌정부에서 새로운 개혁정책을 시도하고자 하는 사람은 먼저 일반시민들에게 상당한 정도의 변화가 필요함을 인식할 수 있도록 교육시켜야 한다. 그리고 그가 원하는 특별한 변화를 시민들이 받아들이고 원하도록 설득시켜야 한다. 먼저, 여론이 기꺼이 그 변화의 내용을 들을 수 있도록 하고, 다음으로 그 여론이 바르게 형성될 수 있도록 살펴야 하는 것이다. 의견을 찾기 위해 여론을 고무시켜야 하고, 바른 의견이 형성될 수 있도록 여론을 관리해야 한다.

올바른 여론을 조성하고 관리하는 것도 어렵지만 국민에게 변화에 대한 문제를 인식하게 하는 것은 더욱 어렵다. 여론에 관해서는 어떤 의견을 가지게 되는가가 절대적으로 중요하다. 여론이 일단 형성되면, 그것들을 해체시키는 것은 거의 불가능하기 때문이다. 한 세대가 문제의 해결을 위해 임시변통하는 형식으로 사용한 제도를, 그 다음 세대는 매우 타당성 있는 견해로 받아들이게 된다. 그리고 또 다음 세대는 그 제도 자체를 절대적인 원리로서 존경할 것이다. 하나의 제도가 신격화되는 데는 3세대가 걸리지 않는다. 손자는 그 할아버지의 머뭇거리면서 행한 실험을, 고정된 자연의 헌법으로 받아들이게 되는 것이다.

비록 우리가 모든 정치적 과거에 대해 분명한 시각을 가지고 있고,

완전하게 교육받은 지성을 통해 보편적이고 현명한 정부의 행동법칙에 관한 격언을 만들었다고 하자. 그리고 이러한 격언이 진정한 의미의 정치적 신념을 궁극적으로 실현할 수 있다고 하자. 그러면 이 나라가 그러한 격언에 따라 움직이겠는가? 이것이 의문이다. 대부분의 인간은 철저하게 비철학적이다. 그리고 오늘날에는 대부분의 사람들이 투표를 한다. 이러한 상황 속에서 진리란 아침 일찍 직장에 나가는 일반시민들에 의해 인정되지 않으면, 평범한 것이거나 하찮은 것이 되고 만다. 일반시민들이 받아들이지 않은 원리에 따라 행동하면 매우 커다란 곤경과 어려움에 처하게 되는 것이다. 비철학적인 대다수의 인간들의 집단 중 미국보다 더 복잡한 곳은 어디 있는가? 이 나라의 국민대중의 마음을 알기 위해서 사람들은 미국의 옛날 초기 원주민들뿐만 아니라 아일랜드인, 독일인, 흑인들의 마음을 알아야 한다. 새로운 신조를 정착시키기 위해서는 다양한 인종, 개개인마다 다른 환경에 따른 문화적 유산의 차이, 여러 나라의 역사적 전통, 세계의 다양한 모든 기후에 의해 다양하게 형성되어 있는 사람들의 마음을 알아야만 하는 것이다.

지금까지 행정연구의 역사와 행정을 연구할 때 부딪치는 어려운 환경과 조건들에 대해 검토해 보았다. 다음으로, 이러한 행정연구의 주제(subject matter)는 무엇인가, 행정연구의 특별한 연구대상은 무엇인가를 검토해 보기로 한다.

Ⅱ 행정연구의 주제

행정의 영역은 업무(business)의 영역이며,[13] 이는 정치적 갈등과 투쟁의 세계와는 구분된다. 행정은 헌법연구와 같은 격렬한 논쟁의 영역과는 일정한 거리를 두고 있다. 행정이 정치의 한 분야라고 한다면, 그것은 거리에 있는 회계사무소가 사회생활의 한 부분이라거나, 기계가 공장의 일부분인 것과 같은 맥락일 것이다.

행정이 정치와 일정한 거리를 두고 있다고 해서 행정이 단순한 기술적인 분야에만 머무는 것은 아니다. 행정의 발전된 원리들은, 정치적 지혜의 격언과 정치적 진보라는 불변의 진리와 직접적으로 연결되어 있다.

행정연구의 목표는 경험적 실험을 통해 예견되는, 혼란과 낭비적 요소를 줄일 수 있는 집행방법을 찾아내어, 안정된 원리에 뿌리내린 그 방법의 기초를 세우는 데 있다.[14] 이러한 이유 때문에 현 단계의 공무원 제도 개혁은 더 완전한 행정개혁을 위한 시발점으로 간주해야만 한다. 지금은 공무원 제도를 개혁하고 있지만, 앞으로는 집행 기능을 더욱 적절하게 개선시키고, 집행 조직과 방법에 대해 발전된 대안을 지속적으로 제시해야 하기 때문이다.

지금의 공무원 제도 개혁은 앞으로 해나가야 할 일들에 대한 도덕

---

13) The field of administration is the field of business.

14) The object of administrative study is to rescue executive methods from the confusion and costliness of empirical experiment and set them upon foundations laid deep in stable principle.

적 기초를 닦는 작업에 불과한 것이다. 국민으로부터 권한을 위임받은 공공 기관으로서 신성성(sanctity)을 확립하여 공직생활의 도덕적 환경을 깨끗하게 하는 것이다. 당파에 치우치지 않은 공정한 서비스를 제공하여 기업과 유사한 서비스를 제공할 수 있도록 하는 것이다. 이러한 동기를 지속적으로 부여하면서 일하는 방법을 개선시켜 나갈 수 있도록 만드는 것이다.

행정의 영역(province)에 대해 좀 더 논의를 확장시켜 보기로 하자.

여기서 강조하는 것은 이미 공무원 제도 개혁 때 매우 중요하게 다루었던 내용으로서, 행정은 정치의 고유영역 바깥(outside)에 존재한다는 것이다. 행정의 문제는 정치의 문제가 아니다.[15] 비록 정치가 행정에 대해 무언가를 요구한다 할지라도, 행정은 독자적인 논리에 따라 업무를 처리해 나가야 한다. 이것은 국가 권력을 구분(distinction)하여 이해하는 것이다. 한 유명한 독일학자는 이를 당연한 것이라고 주장하였다. 예를 들어, 블룬트슐리(Bluntschli)는 "행정을 정치로부터, 그리고 법으로부터 분리해야 한다."고 말했다(주2). 그는 "정치는 거대하고 보편적인 국가행위인 데 비해, 행정은 개인적이고 소규모적인 국가행위이다. 따라서 정치는 정치인(statesman)이 활동하는 영역이고, 행정은 기술관료(technical official)들이 활동하는 영역이다. 정책은 행정의 도움 없이는 아무것도 할 수 없지만, 행정은 정치의 도움 없이 이루어질 수 있다."고 주장한다. 이러한 독일학자들의 이론을 인용하지 않아

15) Administrative questions are not political questions.

도, 지금에 와서는 행정과 정치 사이의 차이점(discrimination)은 더 이상의 논쟁이 필요 없을 만큼 명백한 것으로 받아들여지고 있다.

그러나 우리가 여기에서 한 번 짚고 넘어야 할 부분이 있다. 그것은 행정과 정치와의 관계를 검토하는 것이다. 물론 이러한 논의는 간단히 설명될 수 있는 있는 내용은 아니다.

앞에서 헌법적인 문제와 행정적인 문제와는 구분된다(distinction)는 점을 이야기했다. 정치의 문제는 헌법적 원리를 실천할 수 있는 정부의 구성 및 조정에 관한 것들이고, 행정의 문제는 변화하는 목적에 적용할 수 있는 도구적인 것들이다. 행정은 현명하게 적용시킬 수 있는 방법들을 채택하는 것에 관심을 가진다. 그러나 이러한 개념적 구분에도 불구하고 정부의 어느 분야에서 일어나고 있는 현상이 행정현상인가를 분명하게 이야기한다는 것은 무척 어려운 일이다. 정부 기능 중에서 행정적 기능과 정치적 기능을 구분하는 선을 긋는 것이 쉬운 일이 아니다. 이러한 기능을 구분하기 위해서는 언덕을 오르거나 깊은 골짜기로 내려오거나, 아찔하게 높은 산등성이를 지나쳐야 한다. 또한 이러한 종류의 조사에 익숙하지 못하며, 논리적 구분에 익숙지 않은 일반사람들의 눈에 적응하게 될 때까지 '만약', '그러나', '언제', '그렇지만'이라는 복잡한 단어 사이를 돌아다니며, 법규 제정이라는 깊은 정글을 통과해야 한다. 따라서 대부분 행정은 정치적 '관리'와 헌법적 원리가 섞여진 세계를 여기저기 돌아다니고 있다고 할 수 있는 것이다.

니버(Niebuhr)는 "자유는 대부분 비교할 수 없을 정도로 헌법보다 행정에 의해 결정된다."라고 이야기하고 있다. 단순히 생각하면 이 말은 사실인 것처럼 보인다. 헌법조항이 자유의 존재를 보장해 주는 유일한 것이라 할지라도, 실제로 자유를 누리는 것은 행정적인 처리에 더욱 의존한다는 것이다. 그러나 다른 시각에서 보아도 이러한 생각은 사실인가?

인간의 지능이란 것이 건강한 사람의 근육으로 구성되지 않는 것처럼, 국민의 자유라는 것도 정부의 간단한 기능적이고 수단적 활동만을 통해서 얻어질 수는 없다. 인간이나 헌법을 구성하는 본질적 정치원리는 우리를 자유롭게 하느냐, 아니면 종속적 상태로 남아 있게 하느냐를 결정하는 중요한 원천이 된다. 부분적으로 의존과 종속의 상태는 억압의 사슬 없이도, 신중하고 온정적 정부의 몇 가지 시도로 어느 정도 완화시킬 수는 있을 것이다. 그러나 그렇다고 해서 이러한 의존 및 종속상태가 자유의 상태로 전환되지는 않는다.

자유는 근본적으로 헌법의 원리로부터 떨어져서 존재할 수 없다. 행정이 정부의 자유적 원리에 기초를 두고 있지 않다면, 행정이란 그것이 아무리 완벽하고 그의 방법에 있어 자유롭다하더라도 나약한 자유의 모조품만을 제공해 줄 수 있을 뿐이다.

헌법의 영역과 행정의 영역에는 분명한 차이가 있다. 공공의 영역에서 이루어지는 행정이란 공법(public law)의 구체적이고 체계적인 집행이다.16) 일반 법률을 각각의 특별한 경우에 적용하는 것이 행정의 활동이다. 예를 들어, 세금의 부과와 인상, 범죄자의 교수형 집행, 교통과 우편물의 배달, 육군과 해군의 시설 설비와 인력 충원 등은 분명히 행정행위인 것이다. 정부행동의 광범위한 계획 수립은 행정적인

16) Public Administration is detailed and systematic execution of public law.

것이 아니며, 그러한 계획의 구체적인 집행이 행정이다.[17] 헌법은 일반법을 통제하는 정부의 통치 구조에 관심을 가진다. 미국 연방정부의 헌법은 순순한 집행관청에 대해서는 언급하고 있지 않다. 오직 입법과 정부의 정책결정 기능을 담당하는 연방의 대통령과 그러한 원리를 지키고 이해하는 최고법원 판사들에 관해서만 말하고 있다. 이것은 의지(Will)와 이에 답하는 행동(Deed) 사이의 구분을 의미하는 것은 아니다. 행정가는 그의 업무를 수행하는 방법을 선택하는 데 있어, 그 자신의 의지를 가져야만 하고 또 가지고 있기 때문이다. 행정가는 단순한 수동적인 도구는 아니고 그렇게 될 수도 없다. 구분할 수 있는 것은 일반적인 계획과 특별한 수단에 관한 것이다.

원칙적으로 행정연구는 정치원리에 기초를 두고 있다. 행정의 연구는 헌법적 권위의 적절한 분배를 연구하는 것이다. 능률적 행정을 위해서 공무원에게 책임이 분명하게 주어질 수 있는 가장 효과적 제도를 발견해야 하며, 권위와 책임을 확실하고도 적절하게 분배할 수 있는 가장 좋은 수단을 발견해야 한다.

정부의 본질적인 기능에 속하는 권위의 분배에 관한 문제는 보다 분명하고 핵심적인 정치적 · 헌법적인 문제이다. 만약 행정의 연구가 그러한 권위의 분배의 기반이 될 수 있는 훌륭한 원리를 발견할 수 있다면, 행정연구는 헌정연구의 영역에 매우 가치 있는 기여를 하게 될 것이다. 몽테스키외(Montesquieu)는 행정의 이러한 역할에 대해서는 언급하지 않았다.

---

17) The broad plans of governmental action are not administrative; the detailed execution of such plans is administrative.

이처럼 헌법적 권위의 분배를 위한 최적의 원리(best principle)를 발견하는 것은 민주체제에서는 매우 중요한 일이다. 비민주적 체제에서는 소수를 위해 봉사하지만, 민주체제에서는 공무원은 다수의 주권자를 위해 봉사한다. 그런데 모든 주권자들은 권력을 위임받은 통치엘리트들에 대해 예외 없이 의심을 한다. 그들의 의심은 어떻게 지식에 의해 가벼워질 수 있는가? 만약 그러한 의심이 적절한 감시를 통해 줄어들 수 있다면, 또한 그러한 감시가 책임을 적절하게 부여함으로써 이루어진다면 그것은 매우 유익한 일이 될 것이다. 의심이란 그 자체가 개인적으로나 공적인 면에서나 결코 유익한 일은 아니다. 모든 삶의 영역에 있어서 신뢰는 힘이다. 믿을 수 있는 조건을 창출하는 것이 헌정 개혁가의 업무이며, 믿음을 보장할 수 있는 분명한 책임의 조건하에서 행정이 이루어질 수 있도록 하는 것이 행정 조직가의 기본 임무이다.

나는 행정가에게 상당한 정도의 재량권을 부여해야만 그에 상응하는 책임을 물을 수 있다고 생각한다. 재량권이 부여된 조건 하에서 국민은 행정을 잘하는지, 못하는지 관심을 가지고 지켜보아야 한다. 이를 토대로 행정가에게 상과 벌을 줄 수가 있는 것이다. 책임감 있게만 수행된다면 행정가가 권력을 가지고 있다는 것이 큰 문제가 되지는 않을 것이다. 만약에 권력이 수많은 사람에게 분산된다면, 권력의 소재에 대한 분명한 영역을 밝히지 못하고 무책임성이 증가될 것이다. 그러나 권력이 소수의 책임자에게 중점적으로 주어진다면 쉽게 감시할 수 있고 평가할 수 있다. 그들의 업무가 감시당하고 있다면, 그들은 공개적이고 정직하게 그들의 일을 성공적으로 수행하고자 할 것이며,

스스로 많은 재량권을 부여받았다고 느낄 수 있을 것이다. 권력과 재량권이 많이 주어질수록 적절한 감시가 확대되고, 그 권력을 남용할 수 있는 기회는 적어진다. 행정가는 이 경우 더욱더 진지해지고 주의를 많이 기울이게 되어, 업무성과가 향상될 것이다. 반면에, 행정가의 권력이 작으면 작을수록 지위가 잘 드러나지 않고 안전하며, 주목의 대상이 되지 않는다고 느끼게 되므로 손쉽게 타락과 무기력 상태로 돌아갈 수 있는 것이다.

이제부터는 여론과 행정 사이의 적절한 관계에 대해 검토해 보고자 한다. 공직자는 신뢰성을 보여 주어야 하는데, 그 결과는 누구에 의해 보상받아야 하는가? 공직자는 그의 칭찬에 대한 보상을 받기 위해, 혹은 승진하기 위해 국민에게 의지해야 하는가? 그렇지 않으면 사무실의 상사에 의지해야 하는가? 국민들이 헌법적 원리를 정착시키기 위해 노력했던 것처럼 행정적 원리를 정착시키기 위해 노력해야 하는가? 이러한 문제들은 의심할 바 없이 이러한 전체 연구의 근본적인 문제들 속에서 그 뿌리를 발견할 수 있다.

여기서 제기되는 문제는 여론이 행정의 행위에 대해 어떤 역할을 수행해야 하는가의 문제이다. 이에 대한 정확한 대답은 여론은 권위적 비평가의 역할을 수행해야 한다는 것이다. 그러나 그러한 권위는 어떠한 방법에 의해 주어지는가? 행정을 수행하는 데 있어, 미국사회가 겪는 특별한 어려움은 자유를 잃을 것이라는 위험이 아니라, 자유의 실질적 내용을 분리해 낼 수 없다는 데 있다.

우리의 헌정체제는 투표에 의해 너무나 많은 것을 해결하려고 하는 과정에서 나타나는 계속적 오류 때문에 매우 우려스럽다. 자치정부가 재량권을 가져야 하는 것은, 주부가 자신의 손으로 저녁 요리를 준비하는 것이 적절한 것과 같다. 요리하는 사람에게 불과 오븐을 관리하는 재량권을 전적으로 부여해 주고, 그에 대한 믿음을 가지고 기다릴 때 비로소 맛있는 요리가 만들어지는 것이기 때문이다. 아직까지 특권을 가진 계층에게만 여론이 전파되고 그들만의 여론을 형성하는 나라에서는 이러한 문제들은 쉽게 해결될 수 있다. 그러나 미국과 같이 여론을 형성하는 계층이 넓게 퍼져 있고, 어떠한 방법으로든지 그들 자신의 견해를 제시하고자 하는 사람들이 많은 나라는 여론의 역할에 대해 대답을 하기가 매우 어렵다.

독일의 정치학 교수가 쓴 어떤 책을 보면서 거리감을 느낀다. 그는 "국가의 일에 견해를 가지도록 노력하시오."라고 국민들에게 말했던 것이다. 이 나라에서는 대중은 수동적이고 순종적이다. 무엇을 생각하고 말해야 하는가를 가르치는 데 있어 다루기 쉽다. 그들은 나태하며, 참견하지는 않을 것이고, 가르치려고 노력하기 전에 가르침을 받으려고 할 것이다. 정치적 교육은 정치적 행동 이전에 이루어지게 될 것이다.

그러나 미국에서는 자신의 여론을 전파하려고 노력하는 데 있어, 스스로가 그 문제에 대해서는 이미 충분히 알고 있다고 생각하고 있는 많은 국민들을 상대해야 한다. 문제는 여론을 사사건건 참견하기 좋아하는 사람들이 주는 고통으로부터 해방시켜 능률적으로 만드는 데 있다. 여론이 정부의 세세한 일을 매일 감시하고, 매일매일의 업무 선택에 직접 개입한다면, 대중의 비판이란 것은 서투르고 성가신 것이

되고, 섬세한 기계를 거칠게 다루는 일이 될 것이다.

그러나 근본적으로 정책을 형성하는 데 있어, 정치나 행정에 큰 영향력을 행사하는 대중의 비평은 정책의 오류를 줄이는 안전장치로서 작동한다. 이러한 결과로 대중의 비판은 국가의 이익이 되며 필수적인 것이다. 행정의 연구를 통해 대중의 비평이 이러한 긍정적 의미의 통제를 행할 수 있고, 다른 방해로부터 보호받을 수 있는 좋은 수단을 찾아야 하는 것이다.

국민이 어떤 종류의 행정을 바라고 요구할 것인가를, 그리고 어떻게 그들이 요구하는 것에 다다를 수 있는가를 국민에게 가르칠 수 있는 여건을 마련하면 행정연구의 의무는 다하는 것인가? 공직의 후보자들을 훈련시키는 일은 하지 않아도 될 것인가?

이 나라에는 대학 정치교육의 움직임에 아주 바람직한 경향이 일어나고 있다. 앞으로는 어떤 대학도 훌륭한 정치학 분야의 교육 없이 좋은 명성을 유지해 나갈 수는 없을 것이다. 그러나 그러한 정치학의 교육은 어느 한계까지만 수행될 것이다. 그러한 교육은 정부에 대한 비평가들의 수만을 증가시킬 뿐이며, 능력 있는 행정가의 집단을 만들어내지는 않을 것이다. 그러한 정치교육은 정부의 일반 원리를 확실하게 이해시킬 수 있을 것이다. 그러나 필수적으로 정부를 움직여가는 기술을 교육시키지는 못할 것이다. 그러한 교육은 입법가(legislator)들을 만들어내기는 하겠지만, 행정가(executive officer)를 만들어내지는 못한다.

여론은 정부에 동기를 부여해 주는 힘이다. 이러한 여론을 개선시키기 위해서 정부는 더욱더 유능한 공무원들을 확보해야 한다. 만약 우리의 정부기구를 움직일 수 있는 새로운 보일러를 채택하고 기존의 장치를 수선하려 한다면, 삐꺽거리고 윙윙대며 달가닥거리는 바퀴나, 밸브나, 너트나, 줄들을 그냥 놓아두어서는 안될 것이며, 새로운 힘에 가장 잘 견딜 수 있도록 조정해 주어야 할 것이다. 힘을 잘 받지 못하거나 조정이 필요한 부분은 새 부품으로 교체해 주어야 한다. 이와 같이 기술적 지식의 습득과 같은 보다 개선된 시험을 열심히 준비하고 있는 공무원 지망생들에게 경쟁시험을 치르게 하고, 이들을 중심으로 민주주의를 조직하는 것이 필요하다. 이제는 기술적으로 교육된 공무원이 필요 불가결한 시대가 되어 가고 있다.

이러한 시각에 대해 그 역기능이 심각할 것으로 우려하는 사람들이 있다. 특별히 교육받았거나, 임용 후 적절한 훈련을 통해 적절한 계층제 아래서 전문인으로 성장한 집단은 나름대로의 관료계급(official class)을 형성할지도 모른다고 우려한다. 이러한 공직자 집단은 진보적이고 자유정신을 가진 사람들과 구분되는 것으로, 고집불통의 관료주의에 집착하게 될 것이라는 것이다. 분명히 그러한 계층은 미국에 해를 주고 도움이 되지 않는 계층이다. 그러한 집단을 생성시키기 위해 시행되는 노력은 민주주의에 역행하는 일이고 어리석은 행동이 될 것이다.

그러나 여기서 제기하는 연구의 결과로, 억압적이고 자유주의에 반하는 관료주의를 만들어낼 것이라는 두려움을 가진다면, 본 논문에서 내가 강조하고자 하는 원리를 놓치고 있는 것이다. 기본 원리는 미국 행정은 모든 면에서 여론에 민감해야 한다는 것이다. 어떤 경우라도 선한 행위를 통해 국민에게 봉사할 수 있는 잘 훈련된 공무원들의 집단을 확보해야 한다. 이는 통상적인 업무적 필요에 의한 것이다.

공직자들의 집단이 비 미국적인 특권 집단이 될 것이라는 염려는 무엇이 선한 행위인가에 대해 질문을 하는 순간 해소되게 될 것이다. 그 질문에 대해서는 분명한 대답을 해줄 수 있다. 여기서 말하는 공직자들의 선한 행위란 정부의 정책에 대한 지속적이고 마음에서 우러난 헌신이다. 그러한 차원에서 수행되는 정책은 관료주의의 오류를 보여주지 않을 것이다. 특권을 가지는 공직자들을 만들어내는 것이 아니고, 여론에 대해 직접적이고 필수적인 책임을 지는 훌륭한 국가지도자를 만들어내는 것이다. 관료제는 부서장과 상하관계, 문서나 서류들과 같은 것들로 이루어지는 것으로, 전체적 서비스가 일상적인 정치활동으로부터 거리를 둘 수 있을 때에 존재할 수 있다. 조직의 동기, 목표, 정책, 표준은 관료적이어야 한다. 국민들에게 봉사하는 책임자 아래서 근무하고 있는 공무원은 거만한 배타성과 독단성을 지니지 않을 것이다. 모든 부처의 책임자들이 그래야만 할 것이다.

훌륭한 책임자 아래서 공무원들이 공공을 위해 봉사하는 사례를 프러시아(Prussia)의 슈타인(L. von Stein)의 예에서 발견할 수 있다. 프러시아에서는 슈타인이라는 진정한 공공의 정신이 부여되어 있는 한 정치인의 지도력을 통해, 거만하고 형식적인 관청을 공공을 위한 도구로 바꾸어 놓았던 것이다. 우리들이 추구하는 것은 선거나 의회에의 참여를 통해 공무원 집단의 자의적 행동과 계급 정신을 불가능하게 하는 것이다. 또한 국민 대중의 여론과 친근하게 연결되어 있으며, 감각과 정열을 가지고 행동할 수 있는 자생력을 갖춘 능력 있는 공무원

조직을 만들어가는 것이다.

Ⅲ 행정연구의 방법

지금까지 행정연구의 주제와 행정연구의 목표에 대해 검토해 보았다. 이제부터는 이러한 주제와 대상을 연구하는 데 있어서 가장 적합한 연구방법, 우리에게 가장 도움이 되는 방법이 무엇인가를 검토해 보기로 하자.

정부는 우리와 매우 가깝게 존재하고 있고, 우리 일상생활에 밀접하게 연결되어 있다. 따라서 정부에 대한 철학적 연구가 필요하고, 그 내용에 대한 정확한 이해가 필요하다. 우리는 그동안 오랫동안 계속 서 있기만 했지, 걷는 기법(art)에 대해서는 연구하지 못했다.

우리들은 실천적 국민으로서, 지난 세기 동안 여러 시행착오를 겪으면서도 자치정부 안에서 매우 열심히 적응하여 왔다. 따라서 어떤 시스템이라도 쉽게 적응할 수 있다고 생각하고 있고, 현재 우리가 사용하고 있는 체계에 대한 불편함을 거의 모르고 있다. 그동안 우리는 통치해왔지만, 통치의 기술을 연구하지는 않았다.

그러나 단순하게 업무에 대해 학습하지 않은 천재는 행정의 뼈아픈 실수로부터 우리를 구할 수 없다. 훌륭한 유산을 가지고 있고, 반복된 선택을 통해 살아온 민주주의자이지만 우리는 아직 미완성 민주주의로 남아 있다. 민주주의의 역사가 오래된 것이기는 하지만 아직은 미완성의 작품이며, 현대의 이념과 조건에 적당한 조직이 되기 위해서는 더 많은 노력이 필요한 것이다.

현재의 민주주의 국가는 새롭게 도래하고 있는 산업사회와 무역의 시대의 요구에 부응할 수 있는 행정능력을 갖추고 있지 못하고 있다. 이러한 욕구에 대응할 수 있는 능력을 갖출 때 비로소 성숙한 민주국가가 될 수 있는 것이다.

민주국가와 비민주국가의 행정은 본질적으로 다를 것이라는 잘못된 인식을 정부에 대한 비교연구를 통해 수정할 수 있다. 그러한 비교연구가 이루어진 후에 대중의 복리에 영향을 미치는 모든 긴요한 문제들을 토론하고, 다수의 의지에 의해 모든 정책의 구조를 결정해 가며, 명예롭게 민주주의를 받아들일 수 있다.

우리는 비교연구를 통해, 모든 정부에 유사하게 적용될 수 있는 오직 하나의 훌륭한 행정의 법칙을 발견할 수 있다. 행정기능에 관한 한 모든 정부는 강한 구조적 유사점을 가지고 있다. 더구나 그러한 행정기능이 모든 정부에 한결같이 유용하고 능률적으로 적용된다면, 거기에는 반드시 강한 구조적 유사점이 존재하는 것이다.

자유인은 노예와 같이 같은 신체조직을 가지고 있다. 그러나 그의 행동의 동기, 봉사, 정력들은 분명히 다르다. 군주제와 민주제는 근본적으로 다른 체제이지만, 관심을 기울일 만한 동일한 업무들이 실재적으로 존재하고 있는 것이다.

오늘날에는 모든 정부가 이러한 실질적인 유사점을 가지고 있다고 이야기하는 것에 대해 그 의도를 의심할 필요는 없다. 현재는 과거에 미처 존재하지 않았던 용감하고 호기심을 가지고 있고, 탐구심이 강하고, 감시기능을 가진 대중이 존재하고 있다. 또한 권력이 남용되었을 때 주권을 가지고 있는 대중에 의해 그러한 비리가 쉽게 폭로되고 통제되는 그런 시대에 살고 있다.

우리들은 이러한 현실을 받아들이는 것을 주저하는 데 그럴 필요는 없다. 미국에서 개인적 지배가 가능할 것인가? 이는 국가적으로 제우스(Zeus)를 섬기는 상황을 상상하는 것과 같은 것이다. 현대에 그럴 수는 없을 것이다.

이제는 그러한 우려에서 벗어나 행정의 합법적 목표들은 모든 정부에게 동일하고 유사하다는 것을 이해할 필요가 있다. 내가 이를 강조하는 이유는 교육과 더 나은 제도를 개발하기 위해 외국의 행정체계를 연구한다는 사실에 대해 놀라지 않기를 바라기 때문이다. 우리의 헌법원리와 양립할 수 없는 어떤 제도를 빌려올지도 모른다는 우려를 제거하기 위해서이다. 외국의 시스템을 이 나라에 이식하려고 하는 노력들을 비난하는 태도는 현명하지 못하다. 외국 시스템의 단순한 이식은 불가능하다. 그것들은 단순히 여기에서 자라지는 못한다.

외국의 행정기법이 우리에게 유용하다면 왜 그러한 부분을 사용하지 않는가? 우리는 그러한 것들을 외국식으로 사용하리라는 위험은 없다. 우리는 쌀을 수입해오지만 젓가락으로 먹지는 않는 것이다. 우리는 영국으로부터 정치적 개념을 빌려왔다. 그러나 영국의 왕이나 귀족과 같은 단어는 받아들이지 않았다. 개인에 관한 연방정부의 행위나 연방대법원의 기능에 관한 것들 말고 우리가 무엇을 받아들였던가? 정치환경의 근본적인 차이점을 인지한 상태에서, 행정의 본질적인 원리를 파악할 수만 있다면, 안전하고 유익하게 외국 행정학의 지식을 빌려올 수 있다. 외국의 제도는 우리들의 정치이념 속에서 검증하고 걸러내면 되는 것이다. 조용히 타오르는 비평의 불꽃에 그것을 던져놓고 불필요한 가스들을 제거시키면 되는 것이다.

유럽의 체계를 연구하면 외국의 방법이 미국의 방법보다 더 나은 것으로 밝혀지지 않을까 하는 은밀한 불안이 애국심을 가진 미국인들의 마음속에 내재해 있다는 것은 알고 있다. 그리고 그 두려움이라는 것도 쉽게 이해되기도 한다. 그러나 그것은 어떤 집단에나 공인되지는 않을 것이다. 어떤 제안을 마련하는 데 있어 세계의 여러 곳을 조사하는 것보다 국내를 주로 연구해야 한다는 편견을 제거하는 것이 더욱 필요하다. 행정의 영역은 정치의 전체 영역에 있어 안전하게 역사적·비교적 방법을 사용할 수 있는 유일한 분야이기 때문이다. 우리가 접하는 형식이 새로운 것일수록 더 나은 연구결과를 얻을 수 있다. 그리고 이 과정 속에서 자신이 가지고 있는 스스로의 수단이 가지고 있는 특수성을 발견할 수 있다.

우리가 우리 자신만을 비교해서는 스스로의 장점과 약점을 결코 발견할 수 없다. 자신의 외적 모습과 과정에 너무 익숙해졌기 때문에 본래 자신의 모습을 보지 못하게 되는 것이다. 대체적으로 영국의 체제도 우리 자신의 체제와 너무 비슷해서 우리에게 큰 도움이 되는 적절한 비교사례가 되지는 못할 것이다. 우리 자신의 환경과는 아주 다른 프랑스와 독일의 체계를 주의 깊게 검토하는 것이 전반적으로 가장 좋을 것이다.

그러한 외국의 사례를 통해 우리의 제도를 보는 것, 다시 말하면 우리가 우리 자신을 외국인으로 보는 것은, 외국인들이 우리 자신을 어떤 선입견 없이 보는 것과 같다. 우물 안 개구리처럼 우리 자신만을 아는 한 우리는 아무것도 모르게 되는 것이다.

행정의 영역에 있어 비교의 방법이 안전한 것은 앞에서 내가 언급했던 것과 같이 행정과 정치의 영역이 구분되기 때문이다.

우리가 프랑스와 독일의 행정체계를 연구할 때 그들의 정치적 원리를 연구하지는 않는다. 우리는 프랑스 사람이나 독일 사람들의 정치적 원리와 같은 필요하지 않은 후추열매(peppercorn)에 관심을 기울이지 않아도 되는 것이다.

만약에 내가 칼을 솜씨 좋게 갈 수 있는 살인자 친구를 알고 있다면, 그 칼로 사람을 죽일 것이라는 그의 흉악한 의도를 배제한 채 칼을 날카롭게 가는 방법을 빌려올 수 있는 것이다. 마찬가지로 공공 관청을 잘 관리했던 철저한 군주론자를 안다면, 나는 그의 업무처리 방법을 나의 민주적 관점을 바꾸지 않은 채로 빌려올 수 있는 것이다. 군주론자는 군주를 위하여 봉사할 것이다. 나는 국민을 위하여 봉사할 것이다. 그가 그의 군주에게 봉사하는 것과 유사한 방법으로 나는 나의 주권자들에게 봉사하게 될 것이다.

이러한 정치적 관점의 차별성을 유지할 때, 다시 말해서 행정을 우리 자신의 정치적 이상을 가장 적절하게 실현하는 실천수단으로서 연구할 때, 외국의 제도를 배워 오는 것이 우리에게 유익할 수 있다. 이러한 차별적 관점에서 접근할 때 외국으로부터 큰 실수 없이 우리가 필요로 하는 것을 배워 올 수 있는 것이다. 이러한 접근법을 통해 우리들의 혈관에 그들의 병을 얻어 올 위험 없이 외국 정부를 세밀하게 해부해 볼 수 있다. 혈액감염(blood poisoning)의 염려 없이 외국의 체제를 상세히 분석해 볼 수 있게 되는 것이다.

우리 자신들의 정치이념은 모든 이론의 출발점이 되어야 한다. 미국에 대한 행정학의 기초가 되는 원리들은 본질적으로 민주적 정책을 기반으로 하는 원리이어야 한다. 그리고 미국적 풍토에 적합한 이론이 될 수 있도록, 모든 일반 원리들은 공개된 논쟁뿐만 아니라, 우리들의 내면에서 충분히 검토되어야 한다.

이는 이론적 기준에만 만족하는 견해들이 실제의 정치에도 무분별하게 그대로 적용될 것이라는 두려움 때문이기도 하다. 순수한 이론적 고안물은 실천적으로 검증되기 전까지 그 실행이 연기되어야 한다. 여러 견해들은 이론적으로 완성되기 이전에 경험을 통해 수정 · 보완되어야 할 뿐만 아니라, 미국적 풍토에 적합한가의 합의를 얻어내야 한다. 지속적이고 실천적인 정치력이 우선 되어야 하고, 옷장 속에서 잠자는 탁상공론적 이론은 그 다음이 되어야 한다.

지금까지 세계인의 관심을 끌고 있는 '무엇을 해야 할 것인가(what to do)'라는 명제는 미국에서 '어떻게 해야 할 것인가(how to do it)'라는 명제로 바꾸어져야 한다.

우리들의 의무는 연방조직에, 혹은 내부의 시스템에 가능한 최적의 상태를 제공하는 것이다. 즉, 타운(town)이나 시(city), 카운티(county), 주정부나, 연방정부가 강하고 건강하게 유지되는 방법을 제공하는 것이다. 자신의 주인을 섬기며 상호 간 도움을 주고 상호 의존적이고 협력적이며, 상호독립성을 연결하는 것을 유지하는 것이다. 그 과업은 매우 위대하고 중요한 것이다.

지방정부와 연방정부 간의 상호관계는 매우 현대적인 개념이다.

그것은 독일에서와 같은 제국의 연방관계와는 다르다. 독일에서 지방정부는 아직까지 완전한 자치정부는 아니다. 관료들은 어디서나 바쁘다. 그의 능률성은 단체정신(esprit de corps)에서 비롯되기도 하고, 상급자에게 잘 보이기 위한 행동에서 비롯되기도 한다. 혹은 잘해야 감상적인 양심의 토양으로부터 나온다. 그 관료는 대중에게 봉사하는 것이 아니고, 국민에게 책임이 없는 각료(minister)들에게 봉사하는 것이다. 우리들의 관심은 연방정부와 지방정부가 상호 간 협력하여 잘 운영되는 것에 있다. 공직자가 실력과 양심으로 질 좋은 서비스를 제공하고, 상관뿐만 아니라 궁극적으로 공동체 사회에 이익이 되는 서비스를 제공할 수 있도록 하는 것이다.

어떻게 그러한 서비스가 공직자의 생존에 충분히 공헌하면서 동시에 그의 가장 일상적인 이익에 도움이 될 수 있는가, 그의 야망을 키우면서 그 얻어내고자 하는 바를 얻어낼 수 있는가, 그의 명예를 증진시키고 개성을 세우면서 가장 높은 이익을 보존해 줄 수 있는가? 그리고 어떻게 이러한 것들이 유사하게 지방수준이나 국가수준에서 이루어질 수 있는가에 관심을 가지는 것이다.

우리가 이러한 문제를 풀 수만 있다면 우리는 다시 세계를 이끌어 갈 수 있을 것이다. 아직은 미약하지만 영국과 같이 제국의 부분적 연합이 최종적으로 거대 국가를 형성하는 경향이 벌써 지속적으로 확산되어 가고 있다. 권력의 집중 대신에 특권을 광범위하게 분할하고, 그에 기초해 연합 국가를 형성해 가고 있는 것이다. 이러한 현상들은 미국적인 경향이 확산되는 것으로 볼 수 있다. 명예로운 평등과 명예로운 복종 안에서, 일상적인 목적을 추구하기 위해서 여러 정부들과 연합한 형태의 정부를 추구하고 있는 것이다.

여러 곳에서 시민자유의 원리가 추구되는 것과 같이 정부의 통치방법이 연구되고 있다. 정부의 통치수단과 방법에 관한 비교연구가 이루어지고, 건강한 대중의 비판을 통해 수용되며, 정부의 행정에 개방성과 정열을 실천적으로 연결시킬 수 있는 대안을 제공할 수 있다면, 비교연구는 정치연구의 가장 위대하고 의미 있는 부분으로 받아들여지게 될 것이다. 나는 앞으로 그러한 제안에 관한 논의들이 활성화되기를 진심으로 희망한다.

NOTES

1. Essay on Sir William Pitt.
2. Politik, S. 467.

제 2 부

우드로우 윌슨의 행정학

제 4 장 우드로우 윌슨 '행정연구'에서 본 정치와 행정 관계
제 5 장 현대 행정학의 역사적 기원과 우드로우 윌슨
제 6 장 행정학 연구방법으로서 실용주의

제 4 장 우드로우 윌슨 '행정연구'에서 본 정치와 행정 관계[1)]

[본문 요약]

우드로우 윌슨 논문 「행정연구」(1887)의 행정학 이론사적 의미는 여러 가지가 있겠지만, 과거 정치학의 종속적 연구영역이었던 행정연구의 영역을 독자적 학문영역으로 구분해냈다는 점이다.

이를 위해 윌슨은 정치학의 연구영역인 정치분야와 행정학의 행정영역인 행정분야는 구분되는 것이라고 하여, 각각의 영역은 각각 자주적이고 독립적인 영역 속에서 고유의 논리를 따라 움직인다고 보았다. 대체적으로 이러한 견해를 정치행정 이원론이라고 평가하기도 한다.

그러나 논자에 따라서는 윌슨이 행정의 영역이 독립적인 권한을 행사할 것을 주장했다고 해서 윌슨이 정치와 행정을 분리해서 접근한 정치행정 이원론자는 아니라고 주장한다. 윌슨은 당시대 부패한 정치의 문제를 해결하기 위한 노력으로 정치와 행정의 영역을 구분해서 접근해 보고자 했지만, 이러한 노력을 정치행정 이원론으로 보기는 어렵다는 것이다.

여기서는 이러한 윌슨의 정치행정관계에 대한 본질을 밝히기 위해 윌슨의 저작 「행정연구」의 본문을 면밀히 분석하였고, 결과적으로 윌슨은 정치행정의 이원적 일원론자로 평가하였다. 정치와 행정의 영역을 독자화시키고 서로 구분했다는 면에서 이원적 성격이 있기는 하지만, 궁극적으로 정치와 행정은 긴밀한 연결 관계 속에 존재한다고 보았다. 따라서 윌슨은 정치행정 이원적 일원론자이다.

그러나 윌슨에게는 이원론이나 일원론이 중요한 개념이 아니었다. 당시의 부패한 정치와 의회지배의 모순을 지적하고 국가 개혁을 성취하기 위한 수단의 하나로 행정의 고유성과 독립성을 주장했던 것이다.

1) 이 장은 강용기(2015), 윌슨 행정연구에서 본 정치와 행정, 『한국국정관리학회 동계 세미나 발표자료집』의 내용을 수정 · 보완한 것이다.

우드로우 윌슨(T. Woodrow Wilson)의 「행정연구(The Study of Administration)」(1887)라는 논문은 현대 행정학의 출발을 알리는 글로 평가되고 있다. 이 논문은 행정의 역사, 행정의 연구주제, 행정의 연구방법 등 다양한 내용을 다루고 있다.

행정이론사적 관점에서 평가할 때 이 논문의 가장 핵심적인 내용은 윌슨이 정치로부터 행정을 분리하고, 정치학으로부터 분리된 독자 학문영역으로서 행정학의 지위를 확립하는 데 공헌했다는 점이다. 윌슨의 이러한 행정과 행정학의 독립선언을 통해 행정학이 비로소 고유의 연구대상을 가진 사회과학의 분과학문으로 자리를 잡을 수 있게 되었다는 것이다. 이러한 공로로 윌슨은 현대 행정학의 창시자 혹은 현대 행정학의 아버지로 불린다.

그러나 윌슨이 정말로 정치와 행정의 분리를 정말 주장했는가에 대해서는 많은 의문이 제기되고 있다. 논자에 따라서는 윌슨이 정치와 행정을 명확히 구분하는 정치행정 이원론을 주장했다는 사람도 있고, 정반대로 윌슨은 정치행정의 분리를 이야기한 적이 없으며, 윌슨은 정치행정의 긴밀한 관계, 즉 정치행정 일원론을 주장했다는 견해도 있다(Stillman II, 1973: 582).

이외에도 절충적 시각을 견지하는 견해도 있다.

마리온(Marion)은 윌슨이 실질적으로 정치와 행정이 분리된다고 믿지 않았지만 미국 정치 제도의 결점을 보완하고, 미국의 민주주의를 능률적으로 운영하기 위해 정치와 행정을 분리하여 접근할 것을 주장했다는 것이다. 즉, 윌슨의 정치행정 이원론은 실용적 목적으로 행한 거짓, 즉 선의의 거짓말(noble lies)이라는 것이다(Marion, 1990; 김성기 역, 2007: 116).

마틴(Martin)은 윌슨은 처음에 정치와 행정의 분리를 주장했지만, 나중에 실수를 인식하고 그 견해를 수정하려고 했다고 한다. 윌슨은 「행정연구」라는 논문을 발표한지 2년 후 "행정적의 문제는 본질적으로 정치적인 문제다."라고 수정하고 있고, "국가는 기업과 다르며, 훌륭한 기업 관리의 방식이 정치에 있어서도 언제나 좋은 관리방식은 아니다."라고 서술했다는 것이다(Martin, 1988: 633).

윌슨은 「행정연구」(1887)라는 논문을 집필하기 바로 전에 『의회정부론(*Congressional Government*)』(1885)이라는 박사학위 논문을 저서로 출간하였는데, 이 책에서는 의회와 행정부의 바람직한 상호관계 모형으로 영국의 내각제 형태의 정부를 선호하고 있다. 내각제는 기본적으로 의회와 집행부가 기관 통합형으로 움직이는 통합적 정부체제이다. 윌슨은 의회가 중심이 되는 미국의 삼권분립제가 무책임하고 무능한 정부체제라고 비판한다. 의회가 법안을 만들고 정책을 입안하지만 그 운영과 결과에 책임을 제도가 미국의 대통령제인 것이다. 따라서 의회와 집행부가 상호 유기적으로 책임을 지고 국가를 관리해 가는 내각책임제를 이상적인 정부형태로 보았던 것이다(Wilson, 1885).

윌슨의 『의회정부론』(1885)과 「행정연구」(1887)라는 저술은 거의 같은 시간대에 같은 지적 배경을 가지고 서술한 내용이다. 따라서 이 저술과 논문을 비교해 보면 정말로 윌슨이 정치와 행정이 엄격히 분리되어 존재해야 한다고 주장했는지는 의문을 가질 수밖에 없다.

여기서는 다양한 주장들의 진위를 밝히기 위해 윌슨의 논문 「행정연구」(1887)의 기본 텍스트를 면밀히 분석·검토해 보기로 한다.

I 정치행정 이원론인가 일원론인가?

정치행정 이원론

윌슨의 논문 「행정연구」에서는 기본적으로 정치와 행정은 그 영역과 기능에서 구분된다고 보고 있다고 선언하고 있다. 다음과 같은 문장이 정치와 행정이 구분되는 영역이라는 것을 선언하고 있는 글들이다. 이러한 표현들을 통해 논자들은 윌슨을 정치와 행정을 분리하여 이해한 정치행정 이원론자로 본다.

• 행정(adminstration)의 영역은 업무(business)[2]의 영역이며, 이는 정치적 갈등과 분쟁의 세계와는 구분된다. 행정은 헌법연구(constitutional study)와 같은 격렬한 논쟁의 영역과는 일정한 거리를 두고 있다.

• 행정연구의 목표는 경험적 실험을 통해, 예견되는 혼란과 낭비적 요소를 줄일 수 있는 집행방법들을 찾아내어, 그러한 방법론들의 깊이 있고 안정된 원리(principle)를 발견하는 데 있다. 이러한 이유 때문에 현 단계의 공무원 인사 제도 개혁은 더 완전한 행정개혁을 위한 시발점으로 간주해야만 한다.

• 행정은 정치의 고유영역 바깥(outside)에 존재한다. 행정의 문제는 정치의 문제가 아니다.[3] 비록 정치가 행정에 대해 무언가를 요구한다 할지라도, 행정은 독자적인 논리에 따라 업무를 처리해 나가야 한다.

• 현재의 시대는 헌법의 틀을 만드는 일보다 그것을 어떻게 운영해 나갈 것인가가 점점 더 중요하고도 어려운 문제가 되어 가고 있다.[4]

• 헌법의 영역과 행정 기능의 영역에는 분명한 차이가 있다. 공공의 영역에서 이루어지는 행정, 즉 공공행정이란 공법(public law)의 구체적이고 체계적인 집행[5]이다. 일반 법률을 각각의 특별한 경우에 적용하는 것이 행정의 활동이다.

• 행정 기능에 관한한 모든 정부는 강한 구조적 유사점을 가지고 있다. 더구나 그러한 행정 기능이 모든 정부에 유용하고 능률적으로 적용된다면, 거기에는 반드시 강한 구조적 유사점이 존재하는 것이다.

---

2) The field of administration is the field of business.
3) Administrative questions are not political questions.
4) It is getting to be harder to run a constitution than to frame one.
5) Public Administration is detailed and systematic execution of public law.

> • 만약에 내가 칼을 솜씨 좋게 갈 수 있는 살인자 친구를 알고 있다면, 그 칼로 사람을 죽일 것이라는 그의 흉악한 의도를 배제한 채 칼을 날카롭게 가는 방법을 빌려올 수 있는 것이다.

정치행정 일원론

윌슨의 논문에는 정치행정의 구분을 주장하는 글도 많지만, 정치와 행정은 떨어져서 존재할 수 없고 긴밀히 연결되어 있다는 정치행정 일원론 혹은 정치행정 통합론의 시각을 견지하는 글도 많다. 다음과 같은 문장이 그러한 내용들이다.

> • 행정이 정치와 일정한 거리를 두고 있다고 해서 행정이 단순한 기술적인 분야에만 머무는 것은 아니다. 행정의 발전된 원리들은 정치적 지혜의 영원한 가르침과 정치적 진보라는 불변의 진리와 직접적으로 연결되어 있다.
> • 자유는 근본적으로 헌법이나 정치의 원리로부터 떨어져서 존재할 수 없다. 행정이 정부의 자유적 원리에 기초를 두고 있지 않다면, 행정이란 그것이 아무리 완벽하고 그의 방법에 있어 자유롭다 하더라도 나약한 자유의 모조품만을 제공해 줄 수 있을 뿐이다.
> • 우리는 프러시아의 행정기술을 얻어오기 위해 프러시아의 역사를 가져오는 것을 바라지는 않는다. 프러시아의 특별한 행정체계는 우리를 질식시킬 것이다. 노예적이고 체계적인 행정체계보다는 자유롭고 비숙련된 편이 차라리 더 나을 것이다.
> • 원칙적으로 행정연구는 정치원리에 기초를 두고 있다. 행정의 연

구는 헌정적 권위의 적절한 분배를 연구하는 것이다. 정부의 본질적인 기능에 속하는 권위의 분배에 관한 문제는 보다 분명하고 핵심적인 정치적 · 헌정적인 문제이다.

Ⅱ 정치행정의 이원적 일원론

윌슨의 텍스트를 보면 정치행정 이원론의 근거가 될 수 있는 문장도 있고, 정치행정 일원론의 근거로 제시할 수 있는 문장도 있다. 전개되고 있는 문장만 보면 윌슨의 입장이 어느 쪽인지 명확하게 구분하기 어렵다.

윌슨은 목표와 수단을 분리해서 이해한다. 정치는 목표를 설정하는 영역이고, 행정은 수단을 집행하는 영역이다. 따라서 목표와 수단은 기능적으로 구분된다. 그러나 인간의 실제 행동에서 목표와 수단이 분리되어 존재하지는 않는다.

밥을 먹는 행동과 밥을 먹고자 하는 목표는 구분되어 이해될 수 있다. 그러나 실제 인간의 행동 속에서 밥을 먹는 행동과 밥을 먹고자 하는 목표는 동시에 존재한다. 목표와 수단은 구분할 수 있지만, 목표와 수단은 따로 분리되어서 존재하는 것은 아닌 것이다.

이런 맥락에서 윌슨의 정치와 행정 관계도 검토할 수 있다. 즉, 정치와 행정의 기능은 구분된다. 그러나 실제영역에서 정치와 행정을 분리하여 이해할 수는 없다. 어차피 수단은 목표를 전제로 존재하는 것이기 때문이다.

윌슨은 정치의 영역과 행정의 영역은 기능적으로 구분되지만, 실제적으로 정치와 행정은 긴밀한 협력 관계에 있다고 보았다. 이러한 윌슨의 정치행정 관계에 관한 시각을 여기서는 정치행정 이원적 일원론으로 평가하고자 한다. 정치행정 기능을 구분한 점에서 이원론, 상호협력을 주장한 점에서 일원론적 성격을 가지고 있다고 보기 때문이다.

정치의 영역과 행정의 영역은 기능적으로 구분된다

윌슨은「행정연구」라는 논문 속에서 정치와 행정의 영역은 기능적으로 구분된다고 설명한다. 윌슨은 논문에서 정치와 행정의 구분(distinct, discriminate)이라는 표현은 쓰고 있지만, 분리(separate)라는 용어를 쓰고 있지는 않다. 구분된다는 것하고 분리된다는 것하고는 개념의 차이가 현격하다. 정치행정이 구분된다고 해서 분리되는 것은 아니다. 동전의 앞면과 뒷면은 구분된다. 그러나 이를 통해 동전의 앞면과 뒷면이 분리되어 존재한다고 말할 수는 없다.

여기서 윌슨이 말하는 정치와 행정의 구분도 매우 제한적 개념이다. 즉, 윌슨의 정치와 행정의 구분은 의회를 중심으로 한 입법부(legislation)와 기술관료를 중심으로 한 행정부(administration)의 영역을 구분한 것이다.

유럽 정치 사상가들이나 독일 행정학자 슈타인(L. von Stein)이 말하는 정치와 행정 기능의 구분은 헌정(constitution)과 행정(administration)을 구분한 것이다. 이 당시 절대군주의 통치 기능과 국가관리 기능을 구분한 것이다. 하지만 윌슨은 정치행정의 구분을 의회와 집행부의 구분이라는 개념으로 전환하여 사용하고 있는 것이다.

당시 미국의 대통령제는 의회권력이 대통령권력을 지배하는 구조였다. 의회가 정치의 중심적 지위를 차지하고, 법안 제출과 예산결정권, 대통령 탄핵권 등 모든 국가의 의지를 결정하는 권한을 쥐고 있었고, 집행부는 법안 제출권도 없고 단지 거부권만을 가질 뿐이다. 행정부는 철저히 의회에 종속되어 있었다.

미국의 대통령제는 로크(J. Locke)나 몽테스키외(Montesquieu)의 사상을 토대로 구성되었는데, 이 이론은 군주의 절대권을 비판하는 입장에서 정립된 이론이다. 이러한 맥락에서 국가의 집행권을 철저히 제한하고 의회 중심의 권력 구조를 선호했다. 미국은 사회계약론을 토대로 형성된 국가로 의회 권력은 자유권의 상징이었다.

특히, 남북전쟁(1861~1865) 이후 의회가 행정부를 강력히 지배하면서 의회의 정치보스는 행정부를 지배하였다. 앤드류 존슨(Andrew Johnson, 1865~1869) 대통령은 의회가 지지하는 장관을 해임시켰다고 해서 탄핵 대상이 되었고, 의회에서 한 표 차이로 간신히 대통령직을 유지하기도 하였다. 집행부는 무기력하고 무능하였다. 더구나 미국의 의회는 엽관제(spoil sysem) 도입의 폐해로 의회 부정과 부패로 얼룩져서 국민들의 비판을 받게 되었다. 이러한 부패한 의회를 견제하기 위해 행정부가 강력한 고유권력을 가진 견제집단으로 자리를 잡아야 할 필요성이 있었고, 이를 위해 의회권력으로부터 행정권력을 분리·독립시켜야 할 필요성을 느끼게 되었던 것이다.

또한 남북전쟁 이후 미국은 급격한 산업자본주의로 변화하였고, 도시화의 진전, 유럽과 아시아 등으로부터 이민이 급증하는 등 사회는 복잡·다양하게 변화하여 의회의 지배구조 형태로 국가는 관리될 수 없는 한계 상황에 도달하게 되었다. 이제는 의회 중심의 정치가 할 수 있는 일은 거의 없었다.

윌슨은 이러한 상황 속에서 의회권력과 행정권력의 영역이 구분되어야 함을 지적하였고, 행정의 고유성과 독자성을 주장하였다. 이를 통해서만 부패하고 무능한 의회 정치구조를 벗어날 수 있을 것으로 보았던 것이다.

그러나 정치와 행정은 긴밀한 협력관계 속에 있다

윌슨이 존스홉킨스 대학원에서 배운 정치철학은 독일의 철학인 국가유기체론이다. 국가유기체론은 국가를 하나의 생명체로 보고 국가의 다양한 기관은 서로 유기적으로 협력관계를 유지함으로써 국가가 건강하게 유지될 수 있다고 본다. 윌슨의 스승이었던 아담스(H. B. Adams)와 엘리(R. T. Ely)는 독일에서 학위를 취득하였는데, 국가유기체론자인 슈타인의 영향을 받았고, 이러한 철학은 윌슨에게 전수되었다. 윌슨도 그의 논문 「행정연구」에서 헤겔(G. W. F. Hegel), 슈타인(L. von Stein), 블룬트슐리(Bluntschli) 같은 독일 국가유기체론자의 글들을 직접 인용하고 있다(Rosser, 2010).

당시 독일에서 유행한 국가유기체론은 사회계약론이나 사회혁명론과 대립적인 사상이다. 사회계약론은 국가의 권력은 이익관계에 따른 계약을 통해서 배분되는 것으로 보지만, 사회유기체론은 각각의 기관이 의미를 가지고 있고, 그 기관들은 상호 유기적 협력을 통해 건강한 국가를 형성해 나간다고 보는 이론이다. 따라서 이러한 국가유기체론은 사회구조를 해체하여 재구성하고자 하는 사회계약론이나 혁명론과는 대립되는 견해라고 할 수 있다.

윌슨이 「행정연구」(1887)을 저술하기 2년 전에 발간한 그의 대표적인 저서인 『의회정부론(*Congressional Government*)』(1885)은 이러한 국가유기체론적 시각에서 저술된 책이다. 그는 이 저술을 통해 박사학위를 취득하기도 하였다. 그는 『의회정부론』에서 영국과 미국의 정치제도와 실태를 비교·평가하였다. 그는 권력분립 체제 아래서 의회가 지배하는 미국의 정치체제를 매우 무책임하고 비능률적인 정치 제도로 보았다. 반면에, 의회와 행정부가 상호 긴밀한 관계에서 움직여 가는 영국의 내각제 정부구조를 바람직한 것으로 보았다. 이러한 의회와 행정부의 통합적 정부체제를 찬양했던 그가 2년 후의 저술에서 정치 행정이 엄격히 분리되어야 한다고 주장했을까 하는 의문을 갖게 되는 것이다.

윌슨의 기본적 정치사상은 정치와 행정이 유기적으로 연계되어 있는 협력적이고 통합적 정치체제를 바람직한 것으로 보는 사회유기체론적 시각을 견지하고 있다. 사회를 시민과 국가 간의 인위적 계약의 결과물로 보는 사회계약론의 시대는 갔다고 보는 것이다.

유기체론자들은 생명체의 각각 기관이 분리되어 존재할 수 없다고 보듯이 국가의 핵심 기관이 분리되어 존재한다고 보지 않는다. 각 기관은 자신의 고유 기능과 역할을 유지한 채 유기적으로 협력하게 되는 것이다. 이런 면에서 보면 윌슨은 정치행정의 분리를 믿고 있던 사람은 아니다. 단지, 당시대의 모순을 개혁하기 위한 과정 속에서 부패한 의회에 종속되어 무기력해진 행정의 기능을 복원하기 위해 정치로부터 행정의 독립을 주장한 것이다.

Ⅲ 요약 및 결론

윌슨의 정치행정 관계론을 정치행정 이원론 혹은 정치행정 분리론으로 보는 시각도 있고, 정치행정 일원론 혹은 정치행정 통합론의 시각에서 보는 사람도 있다.

윌슨은 정치행정이 분리되어 존재한다고 보는 징치행정 이원론자 혹은 정치행정 분리론자는 아니다. 윌슨의 정치사상은 사회유기체론이다. 사회유기체론은 사회계약론이나 사회혁명론과는 다르다. 사회유기체론자들은 사회 각각의 부분이 고유한 기능을 가지고 상호 유기적으로 협력함으로써, 사회가 건강하게 존재할 수 있다고 보는 시각이다. 따라서 한 국가에서 정치 기능과 행정 기능을 따로 분리되어 존재할 수 없다는 것이 윌슨의 기본 관점이다.

그렇다고 해서 윌슨이 정치와 행정이 화학적으로 융합되어 존재한다고 보는 정치행정 일원론자도 아니다. 고대사회나 중세사회에서는 정치와 행정은 하나로 융합되어 존재하는 영역이었다. 행정은 따로 구분되어 존재하지 않았다. 행정은 정치의 하위분과이거나 정치의 한 요소에 불과했다. 윌슨은 이제 행정은 정치로부터 구분되어 독자적 영역 속에서 존재해야 한다고 주장하고 있는 것이다.

윌슨의 정치와 행정의 관계는 목표와 수단, 영혼과 육체의 관계에 비유될 수 있다. 인간의 행동 중에서 목표와 수단을 구분할 수는 있다. 그러나 실제 행동 중에서 목표와 수단은 구분되지 않는다. 영혼과 육체는 개념적으로 구분되지만 실제 따로 존재하지 않는다. 영혼과 육체가 따로 떨어지게 되면 더 이상 그 사람은 살아 있는 생명체는 아닐 것이기 때문이다. 마찬가지로 동전에는 앞면과 뒷면이 있다. 앞면과 뒷면은 따로 존재하지만 앞면이 없는 동전이나 뒷면이 없는 동전은 의미가 없다. 앞면과 뒷면은 구분되지만 화폐가치를 유지하기 위해서 앞면과 뒷면은 동시에 존재해야 하는 것이다.

윌슨의 정치행정 관계도 이와 같다. 정치와 행정은 그 본질과 기능에서 구분되지만 서로 유기적 상호관계 속에서 긴밀하게 공존할 수밖에 없는 것이다. 여기서는 이러한 관계를 정치행정 이원적 일원론의 관계로 정의해 보기로 한다.

사실 윌슨은 정치행정 이원론이나 일원론에 관심을 가진 사람은 아니다. 대중 민주주의가 어느 정도 안착된 미국 사회에서 정치의 역할보다는 행정의 역할이 중요하다고 보았다. 그리고 당시대의 부패한 의회가 행정을 지배하는 정부체제로는 급격히 변화하는 산업자본주의 체제에 적응할 수 없을 것으로 우려했다. 이러한 문제를 해결하기 위한 개혁의 수단으로 정치로부터 행정의 고유성을 확보하고자 노력한 것이다. 이를 통해 능률적 민주주의를 완성하고자 하는 것이었다. 그를 정치행정 이원론이니 정치행정 일원론이니 하고 구분한 것은 후세의 학자들이다. 자신들의 학문적 입장을 정당화하기 위해 재해석한 것이다.

제 5 장 현대 행정학의 역사적 기원과 우드로우 윌슨[1)]

[본문 요약]

행정현상은 고대문명과 고대사회부터 존재해왔지만, 사회과학의 한 범주로서 행정학의 탄생은 근대사회 이후의 일이다. 행정현상이 독자적이며 체계적으로 연구되기 시작하고 학문적 공동체를 형성해간 것은 근대사회 초기 절대주의 시대부터라고 할 수 있다.

근세사회에 절대주의 국가 체제가 들어서면서 왕권의 강화와 중앙집권을 위한 부국강병의 노력이 이어졌고, 이 과정 속에서 행정에 대한 체계적 연구 필요성이 존재했던 것이다. 독일(프러시아)의 프리드리히 대제(1740~1786) 시대를 전후한 시기에 출현한 관방학이 그 대표적인 예이다. 독일은 이후 독일 통일(1871) 과정을 거치면서 슈타인의 행정학을 정립한다. 이후 슈타인의 행정학은 독일 성문법 체계를 완성하기 위한 수단으로서 행정법학으로 발전하였다. 프랑스도 나폴레옹의 시절 강력한 군대식 행정개혁과 법제 정비를 시도했다. 여기서 나폴레옹도 계몽군주의 역할을 수행한다. 독일, 프랑스와 달리 영국은 마그나카르타(1215) 이후 입헌군주제를 형성한 명예혁명(1688)까지 정치적 논쟁의 시기였고, 장기간의 과정을 거쳐 내각제를 토대로 한 입헌군주제를 구축하는 과정 속에 존재하여 행정에 관한 체계적 연구가 늦어졌다.

근대 시민사회 이후 현대 국가 체제에서의 행정연구는 19세기 미국에서 시작되었다고 할 수 있다. 유럽의 관방학은 절대주의 체제 아래서 왕권을 유지하기 위한 것이었다. 정치와 행정이 기술적으로는 분리될 수 있지만, 본질적으로 분리될 수 없는 것이라고 볼 때 현대 행정학의 시작은 절대주의 아래의 관방학이라고 보기 어렵다. 민주체제 아래서 전개된 우드로우 윌슨(T. Woodrow Wilson) 이후의 미국 행정학을 시발점으로 보는 것이 타당하다고 평가한다. 또한 유럽의 관방학은 독일이나 프랑스의 성문법 체계를 완성하기 위한 행정법학으로 발전하였기 때문에 관리주의적 관점으로 발전하고 있는 현대 행정학의 기원으로 보기 어렵다. 미국 행정학에서 윌슨의 저작은 그 이후 테일러(F. W. Taylor), 귤릭(L. H. Gulick) 등의 관리주의 운동과 연계되어 현대 행정학의 창시자로서 지위를 확고히 하게 된다.

1) 이 장은 강용기(2016), 행정의 역사 속에서 본 행정학의 기원, 『한국자치행정학보』, 30(1): 83-94의 내용을 토대로 수정·보완한 것이다.

일반 관리 행위로서 행정현상은 고대사회 이래로 존재해왔다. 그러나 학문의 영역으로서 행정학이 고대사회부터 존재하고 있었다고 할 수는 없다. 근대적 의미의 학문은 과학의 영역이고 과학은 근대사회의 산물이기 때문이다.

근대사회 이후 독자적인 분과학문으로서 행정학이 출발한 시점을 보는 시각은 크게 유럽의 관방학이라는 관점과 미국의 윌슨 행정학이라는 관점의 두 가지로 구분해 볼 수 있다.

먼저, 현대 행정학의 기원을 독일과 프랑스를 중심으로 발달한 유럽의 관방학(cameralism)으로 보는 시각이다. 실질적으로 17~18세기에 걸쳐서 독일과 프랑스에서는 왕실의 재정이나 국가질서와 안녕을 유지를 목적으로 하는 관방학(cameral science)이라는 이름의 체계적 행정연구가 존재하고 있었다.

다른 관점은 현대 행정학의 시작을 미국 행정학으로 보는 시각이다. 여러 행정학 관련 문헌에서는 1887년 우드로우 윌슨(T. Woodrow Wilson)의 「행정연구」라는 논문을 미국 행정학의 출발점으로 평가하고 있다. 미국의 행정학은 현대 행정학의 주류 이론을 형성하고 있으므로, 현대 행정학의 출발은 미국의 행정학을 출발을 알리는 윌슨 행정학에서 찾을 수 있다는 것이다.

여기서는 이러한 현대 행정학의 역사적 기원에 관한 두 가지 관점을 유럽 행정학(관방학)과 미국 행정학의 관점에서 비교·검토해 본다. 그리고 이러한 검토 결과를 토대로 윌슨 행정학이 가지는 이론사적 지위를 평가해 보기로 한다.

I 근대사회의 행정과 행정연구: 유럽

근대사회는 르네상스(14세기 후반~15세기 전반)에서 시작하여 절대주의 시대를 거쳐 18세기 근대시민혁명(1776년 미국독립혁명, 1789년 프랑스혁명)이 일어나고, 그 결과로 입헌 민주국가가 수립·정착되어 간 시기를 의미한다.

서양의 근대사회는 중세의 신 중심 문화를 인간 중심의 문화로 재구성한 르네상스(Renaissance)에서 출발한다. 르네상스는 부활이라는 의미를 가지고 있다. 중세의 신의 지배로부터 인간의 이성을 재발견하고자 하는 학문적 노력이라고 할 수 있는 것이다. 이 시기에 인문학과 자연과학이 발달하였고, 과학적 사고체계가 정립되기 시작한다. 이러한 이성과 경험이 중시되는 학문적 경향 속에서 행정학이 하나의 사회과학 분과로서 정체성을 구축할 수 있는 인식적·방법적 토양이 구축되었다고 볼 수 있다. 근대사회의 말기는 정치적 변혁기라고 할 수 있다. 사회계약론이 확산되어 왕권신수설을 위협했다. 시민혁명을 거치면서 절대왕권은 무너졌다. 삼권분립 사상이 전파되어 군주권은 제약되었다. 군주제가 유지되는 나라에서도 국민의 자유와 인권을 중시하는 계몽군주체제로 변모하였다.

이러한 사회적 배경 하에서 나타난 근대사회의 행정연구는 크게 전반부와 후반부로 구분할 수 있다. 전반부는 마키아벨리(N. Machiavelli)를 중심으로 정치기술론 속에 나타나는 행정의 연구이며, 후반부는 독일의 계몽군주 시대에 나타난 관방학(cameralism)에서 나타나는 행정연구이다.

이탈리아의 학자인 마키아벨리는 1513년 『군주론』을 집필하였다. 마키아벨리는 정치이념이나 제도보다는 정치기술을 강조하였다. 정치이념의 방향보다는 어떻게 통치할 것인가의 통치기술에 관심을 두었던 것이다. 정복한 땅을 확보하는 방법, 약소국가를 다루는 법 등이 그것이다(마키아벨리, 강정인 역, 1994). 그러나 마키아벨리의 『군주론』은 정치를 기술적이고 집행적 실천차원에서 접근했다는 면에서 과거의 관념적 정치연구와는 구분된다. 그러나 마키아벨리의 연구에서도 사실상 정치와 행정의 개념은 구분되지 않고 있다. 마키아벨리의 관리연구는 절대군주제를 강화하기 위한 정치연구의 일환이었다. 또한 행정의 영역을 정치와 구분하여 이해하지 않았다.

근대사회 후반기의 정치적 격동기에 절대군주와는 구분되는 계몽군주가 나타난다. 계몽군주는 자유주의와 사회계약론의 영향을 받아 군주를 국가에 대한 봉사자로 간주하였다. 이러한 계몽군주 시대에 행정을 연구할 필요성이 제기되었고, 행정이 독자적 연구의 영역으로 떠

오르게 된다. 대표적인 사례는 독일(프로이센)과 프랑스의 관방학(cameral science, 官房學)이다. 관방학은 정치와 행정을 분리하여 접근하려는 시도로서 행정학이 독자적 연구대상을 가진 학문으로 출범할 수 있는 지적 토양을 제공하였다.

독일의 행정과 행정연구: 관방학과 슈타인의 행정학

근세에 들어서면서 독일(프러시아)에서는 프리드리히 빌헬름(1640~1688) 시기에 절대제가 확립되었다. 이 시기에 30여 년 전쟁에 의해 상처를 받은 국력을 교묘한 외교력과 중세 군비확상에 의해 국력을 회복하여 통일국으로서 면모를 갖추게 된 것이다. 이 시기에 제켄도르프(V. L. von Seckendorff, 1626~1692)는 국가 행정 전반에 관한 광대한 연구 성과를 남겼다. 그가 다룬 영역은 관청 사무실, 조폐국 관리, 범죄 재판소, 화제 방지 규약, 법원 관리 등의 광범위한 영역이었다(Rutgers, 1997: 281).

이후 프리드리히 빌헬름 1세(1713~1740)는 관료 제도를 실시하고 군비확충에 주력하여, 프랑스에 필적할 만한 초대의 군사력을 건설하는 데 주력하였다. 뿐만 아니라 철저한 중상주의 정책을 실시하여 재정 확보에 노력하였다.

이 시기인 1729년 프러시아의 대학 학위 과정에 관방학이라는 강좌가 설치하게 된 것이다. 이러한 초기의 관방학은 왕실의 재정과 재산을 관리하는 재정학적 성격을 띠고 있었다(Rutgers, 1997: 280).

독일에서 관방학을 통한 행정연구가 체계적으로 정착되기 시작한 것은 프리드리히 2세(1740~1786) 때라고 볼 수 있다. 프리드리히 2세는 프레데릭 대왕 혹은 프레데릭 대제(Frederick the Greate)라고도 불리는 프러시아 역사상 가장 위대한 왕의 하나이다. 프리드리히 2세는 계몽군주(Enlightened Despot)로서 군주권을 기반으로 하는 인민 중심 사상을 전개하였다. 프리드리히 2세는 제 개혁을 통하여 프러시아 유럽 최강의 군사력을 바탕으로 한 제국을 건설하는 데 목적이 있었다. 그의 근본은 계몽된 인도주의적 사상에 있었으나, 실은 그의 절대주의적 권력국가 사상이 강하게 적용하고 있었음을 부인할 수가 없다. 즉, 이 시기의 관방학은 궁극적으로 절대적 왕권의 강화를 위한 수단으로 활용되었던 것이다(조경래, 1993: 283-287).

이 시기의 대표적 관방학자는 유스티(J. H. G. von Justi, 1702~1771)라고 할 수 있다. 유스티는 국가의 기본 기능은 행복(well being)을 유지하기 위한 내적·외적 안전을 보장하는 것으로 보았다. 따라서 행정은 국가의 추상적 목적에 봉사하기 위한 군주의 집행기구로 간주한다. 이러한 입장은 왕권신수설에 기초한 절대주의적 군주사상에서 벗어난 것이다. 이는 군주가 아닌 국가를 논의의 출발점으로 본 것으로 당시의 계몽군주적 사상에 토대를 두고 있다(Rutguers, 1997: 284).

그 뒤 프리드리히 빌헬름 2세(1786~1979), 프리드리히 빌헬름 3세(1797~1840), 프리드리히 빌헬름 4세(1840~1861)를 거쳤는데, 프리드리히 빌헬름 4세 시기인 1848년 3월 혁명이 일어나 임시국민회의 소집을 요구하는 민중봉기가 발생하였다. 그 뒤 빌헬름 1세(1861~1888) 때에는 비스마르크의 활약으로 독일 통일(1871)을 이루어내었다.

이 시기에 슈타인(L. von Stein, 1815~1890)의 행정학이 등장한다.

슈타인은 국민복지에 관심을 가진 사회개혁운동가 출신으로 킬(Kiel) 대학 교수를 역임하였다. 그는 현대 국가의 특징을 행정국가로 보고, 정치(헌정)와 행정을 구분하였다. 슈타인은 이를 통해 행정이 정치로부터 분리되어 연구될 수 있는 지적 토대를 마련하였다.

그러나 슈타인의 이후 독일 행정학은 행정법학으로 발전하게 된다. 독일은 성문법 국가로서 행정연구도 법적 체제를 정비하는 데 주 관심을 기울이게 된 것이다. 이후 독일의 관방학은 행정법학으로 전환되어 관리적 측면의 현대 행정연구 경향에서 멀어지게 되었다(Rutgers, 1997: 291).

프랑스의 행정과 행정연구: 나폴레옹의 행정개혁

프랑스의 근대사회에서 절대주의 체제는 루이 14세(1643~1715)에 완성되었다. 루이 14세는 국왕의 임무에 충실하여 태양왕이라고 불리었다. 그는 귀족세력을 억압하고 중앙집권적 관료 제도를 완성하였다. 지방감찰관은 중앙에서 각 지방에 파견되는 국왕의 직속관리로서 징세, 재무, 군사재판, 사법경찰권까지 부여하여 각 지방에 조직·확대시켰다. 그의 절대권 확립에 뒷받침을 한 콜베르(J. B. Colbert)는 상비군의 확대에도 진력하여 왕권을 강화시켰으며, 또 지방행정조직을 강화하여 전국을 주로 편성하는 등 철저한 관료 제도를 구축하는 데 성공하였다. 프랑스의 절대제의 특징은 무엇보다 확고한 경제력과 상비군의 강화를 통한 무력의 지배와 중앙과 지방의 조직을 강화하여 철저한 행정력으로 중앙집권적 관료 제도를 실시하여 이른바 궁정적 절대제를 확립하였다(조경래, 1993: 279-282).

이 시기에 프랑스에서도 관방학적 행정연구가 시작되었다. 들라마르(Delamare, 1639~1732)는 이 시대의 대표적인 관방학자였다. 제켄도르프가 독일 관방학의 시작이라면, 들라마르는 프랑스의 관방학을 개척한 사람이라고 할 수 있다(Rutgers, 1997: 281-290).

프랑스는 루이 15세(1715~1774)부터 재정적자가 누적되기 시작했고, 루이 16세(1774~1792) 시절 귀족, 성직, 평민으로 구성된 삼부회가 인권선언을 발표하고, 3신분의 권리를 강화하자 왕은 이를 탄압하기 시작했다. 1789년 7월 14일 반란을 일으켜 전제정치의 상징인 바스티유 감옥을 습격하면서 프랑스혁명(1789~1799)이 시작되었다. 국민의회(1789~1791), 입법의회(1791), 국민공회(1792)를 거치면서 혁명이 전개되었다. 특히, 로베스피에르(M. F. M. I. de Robespierre)는 루이 16세를 처형(1793년 1월)했다. 로베스피에르의 공포정치는 테르미도르(Thermidor)의 반동(1794년 7월)으로 종말을 고하고, 5명의 총재에 의해 성립된 이른바 총재정부(1795~1799)를 거쳐 나폴레옹(1799~1814) 시대가 열리게 된다.

1799년 나폴레옹은 정권을 장악하고 국내 문제의 개혁에 전력을 다하였다. 강력한 중앙집권체제를 구축하고, 『나폴레옹법전』(1804)을 편찬하여 프랑스 민법의 원전을 만들었다. 농민의 토지 소유를 보장하였고, 사유권의 불가침과 대외세력을 격파하여 유럽의 주도적 세력을 가진 최대강국으로 등장하였다.

나폴레옹은 유럽의 제국을 석권하고 군림하는 존재가 되었으며, 프랑스혁명사상을 유럽제국에 전파시켜 그 나라의 정치적 대변화를 초래하게 하였고, 애국주의·국민주의 정신을 불러일으키게 하였다. 1813년 제4회 대불동맹이 라이프치히에서 나폴레옹을 격파하였다. 1814년에는 파리가 함락되어 나폴레옹은 제위에서 물러나고 엘바섬에 유배되고 만다.

나폴레옹 이후 80년 간의 제정시대를 거치면서 프랑스의 관료체제가 정착되었는데, 나폴레옹의 군대식 행정체제는 강력한 중앙집권적 행정체제라는 특징을 형성하게 되었다. 나폴레옹은 혁명의 자유사상을 전 유럽에 전파하여 유럽이 새로운 현대사회로 진입하는 사상적 기초를 제공하기도 하였다. 그러나 나폴레옹은 절대군주 체제를 재정립·유지하고자 하였다. 나폴레옹은 자유와 인권사상을 토대로 한 군주체제로 프랑스를 재구축하여 계몽군주의 역할을 수행하게 된다.

나폴레옹의 행정개혁에 영향을 준 프랑스 관방학자는 보냉(C. J. Bonnin)이다. 보냉은 프랑스에서 행정과학의 분야를 개척했는데, 그가 발표한 『공공행정의 원리(*Principles of Public Administration*)』(1812)는 20세기 미국의 행정원리주의자와 유사한 관리주의적 시각을 가지고 있다. 보냉은 나폴레옹의 행정개혁에 참여하기도 하였다. 이후 프랑스 관방학은 19세기 중반까지 마르셀(Marcel), 비비앙(Vivien) 등에 의해 맥을 이어갔다(Martin, 1987: 297－298).

그러나 프랑스의 관방학도 나폴레옹 시대를 거치면서 독일과 마찬가지로 성문법체계를 완성하기 위한 행정법 연구로 전환되었고, 현대 관리주의 행정연구와는 다른 길을 가게 되었다.

영국의 행정과 행정연구

영국의 근대사회는 시기적으로 다른 유럽국가의 중세 후반부터 시작되었다고 볼 수 있다. 즉, 1215년 마그나카르타(Magna Carta)라고 하는 시민권리선언이 있었고, 이는 근대시민사회의 정신적 기초와도 상통하고 있기 때문이다. 이와 같이 영국은 근대시민국가로의 출발이 빨랐고, 시민권의 성장에 의한 지속적인 정치적 개혁의 와중에 존재하게 되어, 행정발전의 역사는 더디게 이루어졌다. 영국의 근대역사는 정치의 역사였지만 행정의 역사가 되지는 못했던 것이다(Wilson, 1887).

중세 말기 영국의 헨리 2세(1154~1189)는 플랜태저넷 왕조를 개창하였다. 그는 정력적이며 활동적인 군주였으며, 사법 제도를 혁신하고 순회재판 제도를 도입하여 왕권신장과 왕국통일에 기여하였다. 리처드(1189~1199, 헨리 2세의 아들)는 십자군운동에 자신의 생애와 국민의 재력을 소비하였고, 존(1199~1216, 헨리 2세의 아들)은 프랑스에 소유하고 있었던 영국의 영토를 모두 상실하였고, 귀족들의 봉건적 권리를 주장한 마그나카르타(대헌장)에 서명하였다. 헨리 3세(1216~1272)는 귀족과 대결하였고, 몽포르는 승리 후 기사 시민을 소집하여 의회를 열었는데, 이것이 영국의회의 시작(1265)이었다.

이후 프랑스와 백년전쟁(1337~1453), 장미전쟁(1455~1485)이 있었다. 헨리 7세(1485~1509)가 등장하여 장미전쟁을 종식시키고, 튜더 왕조를 개창하여 비로소 영국 절대주의의 기반을 구축하였다.

헨리 8세(1509년~1547) 때 왕권강화에 주력하고, 수장령(1534)을 통해 영국 국교를 확립하였다. 이후 엘리자베스 1세(1558~1603)가 즉

위하여 보통법을 제정하고 추밀원을 더욱 강화하고, 치안재판 제도를 설치하여 중앙에서 관리를 파견하여 지방행정을 감시하였다. 이후 제임스 1세(1603~ 1625)가 튜더 왕조의 막을 내리고 스튜어드 왕조를 열고 왕권신수설을 제창하였다. 이때 스코틀랜드의 제임스 6세가 제임스 1세로 잉글랜드의 왕을 겸하게 되어, 이후 스코틀랜드와 잉글랜드는 같은 왕을 섬기게 된다.

찰스 1세(1625~1649) 때 왕과 의회의 마찰이 심해지고, 1628년 권리청원(Petition of Right)이 있었다. 이후 의회파와 왕당파의 대립하여 1642년 청교도혁명(1642~1649)이 일어나고, 1649년 왕은 처형되어 왕정이 폐지되고 크롬웰의 공화제(1649~1660)가 수립된다. 찰스 2세(1660~1685) 때 다시 왕정이 복고되었고, 이후 찰스 2세의 아우인 제임스 2세(1685~1688)가 즉위하였으나, 1688년 명예혁명으로 프랑스로 망명한다. 1689년 메리와 윌리엄 3세가 공동왕위를 이양하고, 1689년 권리장전(Bill of Rights)을 승인 법률화, 국민의 자유와 의회의 권리가 확인되어 영국은 입헌정치의 기초를 확립하였다.

윌리엄 3세는 다수 의석을 차지하는 정당이 내각을 구성하게 되어, 1694년에는 휘그(Whig)당이, 1697년에는 토리(Tory)당이 다수가 되어 내각을 조직하게 되었는데, 이때 영국의 입헌군주제 기초가 마련된다. 앤여왕(1702~1714) 시대는 잉글랜드와 스코틀랜드의 합병을 통해 대영제국이 성립(1707)되었다. 이후 조지 1세(1714~1727) 시기에 '군주는 군림하되 통치하지 않는다'는 영국의 입헌군주제 전통을 정립하게 되었다.

영국은 이후 정당의 집권을 통한 입헌군주의 내각제를 정착시키는 과정에 돌입하게 되었고, 19세기 말에 들어서면서 안정적 정치상황에 들어서게 된다. 이후에야 비로소 행정에 관한 체계적 연구 노력을 기울이게 된다. 1870년에는 추밀원령에 의해 영국의 공무원 제도 개선을 위한 노력이 시도되기도 하였다.

그러나 영국의 행정연구 역사는 17~18세기에 걸쳐 시작된 독일과 프랑스에 비해서는 늦게 나타났다. 이러한 이유는 왕조의 역사가 전란과 정치적 갈등의 역사였고, 그 과정 속에서 행정개혁을 추구할 만한 계몽군주가 출현하지 못했었다는 점이 지적되기도 한다(Wilson, 1887).

Ⅱ 현대사회의 행정과 행정연구: 미국

근대사회의 행정연구는 주로 유럽사회를 중심으로 이루어졌다. 그러나 유럽의 행정연구는 절대군주제에 봉사하거나, 계몽군주의 군주권 확립을 위한 수단으로서 행정연구였기 때문에 현대사회의 민주적 행정체제와는 성격이 다르다고 할 수 있다.

정치와 행정은 구분되는 영역이지만, 완전히 분리되어서 존재하는 것은 아니므로 절대군주제 하의 행정과 현대 민주사회에서 행정은 다를 수밖에 없는 것이다.

초기 미국사회의 행정과 행정연구

미국사회는 근대사회의 시작과 함께 형성되기 시작한다. 미국은

1620년 메이플라워호를 타고 뉴잉글랜드에 필그림(Pilgrim) 순례자들이 도착하면서 영국의 식민지로 개척되었으나, 이후 영국으로부터 분리하여 독립할 것을 주장하였다. 그들은 영국의 국교회에 다른 종교를 신앙하여 탄압의 대상이 되었던 것이다. 이러한 영국 본국과 식민지와의 갈등은 1773년 보스톤 차사건 발생을 도화선으로 하여 영국과 대립하게 되고, 1776년 7월에 미국의 독립을 선언하게 되었다. 이러한 미국의 독립선언은 본국에 행해졌던 청교도혁명(1642)과 명예혁명(1688)의 원리를 철저하게 수행한 것이고, 1789년 프랑스혁명에 직접적인 영향을 주었다(이주영, 1986: 제2장).

1789년 조지 워싱턴(G. Washington) 초대 대통령이 취임하였고, 초대 재무장관인 해밀턴(A. Hamilton)은 정부 역할의 확대, 행정권의 집중화, 행정관료의 전문화를 주장했다. 해밀턴은 건국 초기에 미국 정부의 초석을 다지는 데 큰 역할을 하였다.

이에 비해, 독립선언문을 기초하고 4대 대통령을 지낸 제퍼슨(T. Jefferson)은 국민을 유일한 주권자로 생각하여 정부에 대한 통제, 개인의 권리와 자유, 대중의 행복 추구를 강조하고 목가적인 농촌사회에 기초를 둔 작고, 검소한 정부를 옹호하였다. 제퍼슨은 최소의 행정이 최선의 행정이라고 보았으며, 분권화와 주민 참여, 행정통제의 필요성을 강조하여 민주주의 이념을 실현하는 데 기여하였다.

1829년 제7대 대통령으로 당선된 잭슨(A. Jackson) 대통령은 기존 엘리트 중심의 공직배분 관행을 개선하기 위해 평민도 공직을 담당할 수 있는 엽관제(spoil system)를 도입하였다. 잭슨 대통령은 공직 임용의 기준을 선거에서의 기여도에 두었던 엽관주의를 채택하면서, 엽관주의가 민주주의 발전에 기여할 것으로 기대했으나, 당초의 생각과는 달리 오히려 민주주의적 정부의 존속을 위태롭게 하였다.

남북전쟁과 윌슨의 행정연구

미국사회는 독립 이후 최대의 국가적 위기를 맞게 되는데, 남부와 북부 사이의 전쟁(1861~1865)이 그것이다. 초기에는 제퍼슨의 연방주의와 해밀턴의 분권주의 사상이 대립하였는데, 공업지대인 미국의 북부와 농업지대인 남부의 정치적·경제적 입장이 달라 1861년 에이브러햄 링컨(A. Lincoln)의 당선과 함께, 남북전쟁이 발발하게 되었다. 결국은 북부의 승리로 끝났고, 노예가 해방되었으며, 미국은 급격한 자본주의 발전의 단계로 진입하게 된다(이주영, 1986: 제5장).

남북전쟁을 겪으면서 미국사회는 급격히 변화하고 산업자본주의화되었으며, 서부개척이 거의 완료되어 광대한 국가영역이 설정되었다. 해외로부터 이민자가 급증하였고, 도시로의 인구집중이 이루어졌다. 독점자본이 성장하고 노사갈등과 경제공황의 문제가 심각하게 대두되었다. 정치적으로는 잭슨 대통령 시대에 채택된 엽관주의 폐해가 극심하였고, 부패한 의회는 행정을 지배하고 무기력하게 만들었다. 이제 정치와 행정이 구분되어 존재해야 할 필요성이 적극적으로 대두되게 된 것이다.

1870년대부터 시정개혁운동(municipal reform movement)이 전개되었다. 1881년에는 커티스(Curtis)를 총재로 하는 전국공무원개혁연맹이 조직되어 공무원 개혁운동이 광범위하게 전개되기도 하였다. 같은

해(1881) 대통령 선거 후 공직배분에 불만을 품은 청년에 의해 가필드(J. A. Garfield) 대통령이 암살된 사건은 공무원 제도 개혁에 직접적 계기를 마련해 주었다. 그 결과 1883년에는 「펜들턴법(Pendleton Act)」이 제정됨으로써 행정의 정치적 중립과 실적주의 인사 제도가 실현을 보게 된 것이다.

이러한 시기에 윌슨(T. W. Wilson)은 1887년 유명한 「행정연구(The Study of Administration)」라는 논문을 발표함으로써 현대 행정학 발전의 큰 획을 긋는 계기를 마련하였다. 윌슨은 정치적 투쟁과 구분되는 국가관리의 영역으로서 행정의 영역이 존재하며, 이러한 행정에 대한 학문적 연구가 필요함을 역설하였다. 이를 계기로 정치학과 구분되는 학문영역으로서 행정학이 비로소 독자적인 학문적인 정체성을 추구하기 시작했다. 따라서 윌슨의 논문이 출간된 1887년을 현대 행정학의 출발로 간주하는 것이다.

비슷한 시기에 굿노우(F. J. Goodnow)는 『정치와 행정(*Politics and Administration*)』(1900)이라는 저술을 통해 정부에는 국가의사를 표현하는 정치와 그 집행을 다루는 행정의 두 영역이 있다고 지적하였고, 화이트(L. D. White)는 『행정학입문(*Introducation to the Study of Public Administration*)』(1926)에서 정치는 행정에 간섭해서는 안되며 행정은 관리의 영역이라고 주장하였다.

이후 미국의 행정연구는 국가와 공공부분의 관리라는 경영적 측면에서 주로 연구되었고, 비교발전행정학, 의사결정론과 행태과학, 신행정학, 정책학, 관리과학, 공공선택론, 신공공관리론, 신제도론 등의 다양한 영역으로 발전해 나가면서 현대 행정학의 주류이론을 형성하게 되었다.

Ⅲ 현대 행정학의 기원과 윌슨의 지위

현대 행정학의 기원으로서 미국 행정학

하나의 학문이 독자적 분과영역으로 자리잡기 위해서는 독자적인 연구의 대상을 가질 수 있어야 하고, 그 분야에 존재하는 고유한 연구방법과 이론가 집단을 형성할 수 있어야 한다.

유럽의 관방학과 미국 행정학은 정치와 행정을 구분하여 접근했다는 면에서, 정치와 구분되는 행정이라는 고유의 연구대상을 설정한 점에서, 유사한 점을 발견할 수 있다. 과거 정치와 행정은 융합되어 존재하고 있는 상황이었는데, 유스티(J. H. G. von Justi)나 슈타인(L. von Stein)의 관방학이나 윌슨의 행정학에서는 정치와 행정이 구분되는 영역이라는 점을 강조하였고, 행정에 관한 독자적 연구의 필요성을 제시하였기 때문이다.

그러나 행정연구의 대상영역은 겉으로 유사한 것 같지만 본질적으로 동일하지 않다. 독일이나 프랑스 관방학에서 말하는 행정의 영역은 절대군주제 치하에서 왕실의 유지를 위한 행정이었고, 미국 행정학에서 말하는 행정의 영역은 입헌 민주국가에서 국민국가의 유지를 위한 행정이었다. 따라서 절대군주를 위한 행정연구와 일반국민을 위한 행정연구의 연구대상이 같다고 볼 수 없는 것이다.

현대 행정학은 민주국가의 행정을 연구하는 학문이다. 따라서 군주제 하의 행정을 연구한 유럽의 관방학은 현대 행정학의 기원이 될 수 없으며, 입헌 민주국가 체제 하에서 발전한 미국 행정학이 현대 행정학의 기원이 될 수 있다.

또 학문 공동체의 형성이라는 면에서 유럽의 관방학을 현대 행정학의 기원이 되기 어렵다. 미국의 행정학은 윌슨의 관리주의가 테일러(F. W. Taylor), 귤릭(L. H. Gulick), 화이트(L. D. White) 등으로 이어지면서 행정원리주의라는 초기 연구집단을 형성했다. 그리고 그러한 관리주의 시각의 행정연구는 다양한 변화를 거듭하면서 최근의 공공선택론이나 신관리주의 이론까지 연결되어 있다.

반면에, 유럽의 관방학은 계몽절대군주와 독일 통일 과정을 거치면서 행정법학으로 편입된다. 따라서 유럽의 행정연구는 이제 법학연구의 영역으로 전화되어 행정연구는 법률가의 영역이 되었다. 따라서 유럽의 관방학 연구는 현대 행정학과 학문적으로 단절하게 되었다. 따라서 18~19세기 유럽 관방학은 현대 행정학의 기원으로 평가받기 어렵게 된 것이다.

미국 행정학에서 윌슨의 지위

현재의 대부분의 행정학 관련 문헌이나 논문에서는 윌슨을 현대 행정학의 창시자나 개척자 혹은 행정학의 아버지로 평가하지만, 이러한 판단에 의문을 제기하는 사람도 많다. 윌슨의 1887년 논문은 중요한 의미가 있기는 하지만, 행정학의 최초 저작으로 보는 것은 무리가 있다는 것이다.

라이퍼(Riper)는 윌슨이 미국 행정학의 창시자라는 견해는 후세에 의해 만들어진 순수한 판타지에 불과하다고 주장한다. 미국 행정학의 창시자를 윌슨으로 보는 것은 잘못된 것이며, 미국 행정학의 창시자는 윌슨이 아닌 해밀턴(A. Hamilton)이라고 주장하고 있다(Riper, 1983: 479-480). 또한 윌슨이 「행정연구」라는 논문을 발표하던 시기(1887)에는 존스홉킨스 대학에서 윌슨에게 유럽 행정을 가르친 아담스(H. B. Adams)와 엘리(R. T. Ely) 교수가 있었고, 또한 미국의 「펜들턴법(Pendelton Act)」(1883)을 기초하고 아서(C. A. Arthur) 대통령 시절 인사위원장을 역임한 이튼(R. B. Eaton) 같은 사람도 있었다는 것이다. 이 사람들은 실질적으로 윌슨보다 시기적으로 앞서서 행정을 연구한 사람들이다. 따라서 윌슨은 당시 행정연구에 관심을 가지고 있었던 개척자 집단의 하나였을 뿐이라고 보는 것이다(Riper, 1997: 220).

이외에도 몰스타인 막스(F. M. Marx) 같은 사람은 미국 행정학의 아버지의 지위를 윌슨이 아닌 『정치와 행정(*Politics and Administration*)』(1900)이라는 저술을 발표한 굿노우(F. J. Goodnow)에게 부여하기도 한다(Rutgers. 1997: 292).

사실 윌슨의 「행정연구」(1887)라는 논문은 처음 『미국정치학계간지(*PSQ*)』에 발표된 후 50여 년 간 전혀 주목받지 못했다. 행정학의 저술에서 최초로 그의 논문이 인용된 것은 그가 세상을 떠난(1924) 후의 일이다. 행정학의 최초 교과서라고 부를 수 있는 화이트(L. D. White)의 『행정학입문(*Introduction to the Study of Public Administration*)』(1926)에서 그의 논문이 처음으로 언급·인용되었다. 이후 1939년 미국행정학회(ASPA)가 결성되고, 1940년 『미국행정학회지(*PAR*)』가 발간되기 시작하였다. 이러한 흐름 속에서 1941년 『정치학계간지(*PSQ*)』에 서평과 함께 윌슨의 논문이 다시 복사 게재됨으로써, 비로소 윌슨의 「행정연구」라는 논문은 널리 알려지기 시작되었다. 원래는 『미국행정학회지』에 윌슨의 논문을 권두 논문으로 싣고자 하였으나, 『미국정치학계간지』가 거절하고 자신들의 논문집에 재수록한 것이다(Martin, 1988).

이후 현대 행정학의 창시자로서 윌슨의 이미지는 구체적으로 왈도(D. Waldo)에 의해서 완성되었다. 왈도는 그의 『행정국가론(*Administrative State*)』(1948)에서 윌슨의 논문을 주목하였고, 그 이후 저작에서도 윌슨을 미국 행정학의 개척자로 지속적으로 지목하였다(Waldo, 1948/1980; Riper, 1997: 219).

굿노우는 사람에 따라 미국 행정학의 개척자로 평가되기도 한다. 그러나 굿노우는 동시대에 정치와 행정의 분리를 주장했지만 행정법학자의 길을 갔다. 그리하여 현대의 행정학의 관리주의적 경향과는 거리를 두게 되었다. 굿노우 외 다른 초기 연구자들은 행정연구를 자신의 주업으로 삼지 않았다. 따라서 그 분야에서 연구성과를 제대로 내지 못했다. 윌슨이 행정학의 창업자로서 지위를 획득한 것은 결코 우연은 아닌 것으로 보인다.

Ⅳ 요약 및 결론

행정은 고대사회부터 존재해 왔다. 그러나 행정이 정치와는 구분되는 독자적 학문영역으로 연구되기 시작한 것은 근대사회의 절대주의 말기에 들어서면서였다. 18~19세기에 들어서면서 유럽과 미국 등에서 다양한 방식의 행정연구가 시도되었다. 여기서는 유럽과 미국의 행정연구 역사를 통해 행정학의 기원을 유럽의 관방학으로 볼 것인가, 아니면 미국의 행정학으로 볼 것인가를 검토하였다.

본 연구에서는 그동안 역사적 문헌 자료의 검토와 해석을 통해 결론적으로, 미국의 윌슨 행정학을 현대 행정학의 기원으로 평가하고자 한다. 그 이유는 다음과 같다.

첫째, 유럽 행정학은 절대군주제에 봉사하거나, 계몽군주의 군주권 확립을 위한 수단으로서 시도된 행정연구였기 때문에 현대사회의 민주적 행정체제에서의 행정연구와는 성격이 다르다고 할 수 있다. 행정을 단순한 기술영역에서 본다면 유럽의 관방학은 현대 행정학의 기원이 될 수 있다. 그러나 정치와 행정은 기능에서 구분되지만, 본질적으로 완전히 분리되어서 존재하는 것은 아니다. 따라서 군주제 하에서 연구된 행정사상과 기술적 성과를 현대 행정학의 기원으로 보기는 어렵다. 행정은 단순한 기술측면에 머물 수 없기 때문이다.

둘째, 유럽 행정학은 초기 관방학적 흐름에서 행정법학적 흐름으로 바뀌어져서 현대 관리주의적 행정학과 학문적으로 단절되었다. 19세기 중엽 유럽에서의 행정에 관한 연구는 법적 접근법이 지배적인 것이 되었다. 결과적으로 실천적 차원의 행정에 관한 관심과 연구경향은 쇠퇴하였다. 결과적으로 행정연구의 영역은 법률가의 영역으로 전환되었던 것이다(Rutguers, 1997). 당시 독일이나 프랑스는 성문법 국가로서 행정의 연구는 국가 행정의 성문법적 기초를 정립하는 데 목적이 있었다. 따라서 유럽의 행정은 법학적 접근을 시도하게 된 것이다. 반면, 미국은 불문법 국가로서 행정의 제도적 기반을 구축하기보다는 실용적 행정원리를 발굴하는 데 관심을 기울였다. 따라서 윌슨 행정학을 토대로 전개된 관리주의적 미국 행정학이 현대 행정학의 지적인 기원으로 평가받을 수 있다고 보는 것이다.

미국의 관리주의 행정학을 현대 행정학의 기원으로 본다고 하더라도, 왜 윌슨이 행정학의 창시자 지위를 획득하였는가에 의문을 제기할 수 있다. 윌슨의 동시대 미국에는 윌슨 이외에도 행정을 연구하는 여러 학자들이 있었기 때문이다.

1883년 미국의 인사제도개혁을 주도한 이튼(R. B. Eaton), 윌슨에게 행정학을 가르친 존스홉킨스 대학 아담스(H. A. Adams)와 엘리(R. T. Ely) 교수, 1900년에 『정치와 행정(*Politics and Administration*)』이라는 저술을 발간한 굿노우(F. J. Goodnow) 등이 동시대에 행정을 연구하던 사람들이다. 특히, 굿노우는 사람에 따라 미국 행정학의 개척자로 평가되기도 한다. 그러나 굿노우를 제외한 다른 사람들은 특별한 저작을 남기지 않았고, 굿노우는 이후 행정법학으로 전환하였다.

이에 비해, 윌슨의 능률적 민주주의론은 관리주의 혁명이라고 하는 테일러리즘(Taylorism)과 연결되어 있고, 능률적 수단의 발견이라는 미국의 실용주의적 가치와 연결되어 있다. 그리고 이러한 입장은 현대의 공공선택론이나 신관리주의 이론과 접목하거나 논쟁하면서 동류의 학문 공동체 집단을 형성하고 있다. 이러한 결과로 윌슨은 동시대의 행정연구자들을 제치고 미국 행정학의 창시자로서 지위를 얻게 된다.

따라서 윌슨(T. W. Wilson, 1856~1924)은 미국 행정학의 창시자, 그의 논문 「행정연구(The Study of Administration)」(1887)는 미국 행정학의 시작을 알리는 행정학의 독립선언서로 평가받고 있는 것이다.

또한 미국의 행정학은 현대 행정학의 주류이론을 형성하고 있으므로 윌슨은 현대 행정학의 창시자로서 지위를 동시에 얻고 있고, 그의 논문 역시 마찬가지라고 할 수 있다.

제 6 장 행정학 연구방법으로서 실용주의[1)]

[본문 요약]

행정학은 학문의 성격상 실천과 효용을 강조하는 실용주의적 가치와 방법론과 친화적이다. 실용주의는 인간의 생존조건 향상에 기여할 수 있는 현실적이고 실제적인 지식을 진리로 간주했고, 경험과 사실에 근거한 판단을 중시했다. 이러한 실용주의 입장은 듀이(J. Dewy)에 의해 완성 체계화되었다. 이러한 듀이의 입장은 진리의 실용성을 강조하는 도구주의와 문제해결의 탐구 논리학으로 정립되었다. 이 글은 이러한 실용주의의 인식론의 관점에서 행정학 이론을 검토해 보았다.

우드로우 윌슨(T. W. Wilson) 이후의 초기 행정학은 능률적 행정원리를 발견하고자 하였다. 윌슨은 정치와 행정을 구분하고 정치이념과 구분되는 행정기술의 도입과 발견을 추구하였는데 이는 실용주의적 가치와 유사 혹은 동일하다. 1960년대 들어서면서 제기된 신행정학은 가치와 사실의 연결, 인간을 위한 사회과학, 사회적 형평성 등을 주장했으나, 연구방법에 있어서 해석학이나 현상학적 방법을 주로 사용하여 실용주의와는 다소 거리를 두었다.

행정학 이론의 영역 중 사이먼(H. A. Simon)의 의사결정론과 정책과학론은 실용주의적 가치와 인식방법을 토대로 전개되고 있다고 평가했다. 의사결정론과 정책과학론은 수단과 목적, 사실과 가치를 연계하고, 수단의 분석과 선택에 있어서 검증과 관찰의 방법을 강조했다. 이들은 과학적 사실의 발견보다는 문제해결의 대안을 탐구하고자 하였다. 이러한 가치와 인식방법론은 실용주의 방법과 동일하다.

1) 이 장은 강용기(2014), 실용주의와 행정학, 『한국자치행정학보』, 28(1): 117-132의 내용을 수정 · 보완한 것이다.

행정학은 실천 학문의 성격을 지니고 있다. 특히, 현대 행정학은 능률적 민주주의의 실천적 대안을 마련하기 위한 응용 사회과학의 한 분과로서 지위를 유지하고 있다. 이러한 면에서 행정학은 미국의 철학인 실용주의(pragmatism)와 친화적이라고 할 수 있다.

그러나 행정학에서 실용주의 방법론은 실증주의나 현상학, 해석학과 같은 다른 여타 사회과학의 방법론 영역에 비해서 제대로 연구되지 못했다. 철학의 역사 속에서 실용주의의 이론적 토대가 형성된 기간이 비교적 짧았고, 현금 가치(cash value)를 강조함으로써 자본주의의 물질 만능주의 철학으로 오해되어 왔기 때문이다.

본 연구는 그동안 현대 행정학의 기본 가치와 인식 방법론의 토대가 되어왔음에도 불구하고 주목받지 못했던 실용주의 이론과 방법론을 토대로 행정학 이론을 검토한다. 즉, 실용주의의 가치와 방법론이 행정학 이론과 어떻게 연계되어 왔고, 영향력을 미치고 있었는가를 분석하고자 한다.

실용주의도 다양한 이론가와 입장이 있을 수 있는데, 여기서는 실용주의 철학을 집대성하고 체계화된 대표적 이론가인 듀이(J. Dewy)의 방법론을 토대로 분석해 보기로 한다.

I 실용주의의 이론적 토대와 진리방법

실용주의의 이론적 토대

실용주의(pragmatism)는 19세기 말에서 20세기에 걸쳐 미국을 중심으로 형성된 철학이다. 건국 초기 미국은 청교도의 금욕주의가 시대를 지배하고 있었지만, 미국 독립과 남북전쟁과, 그리고 급격한 인구유입과 산업화의 과정을 거치면서, 미국이라는 새로운 사회를 이끌어 가기 위한 철학을 필요로 하였다. 이러한 배경 속에서 실천과 실용을 강조하는 실용주의(pragmatism)가 발전하게 된 것이다. 따라서 실용주의는 초기 개척시대의 척박한 환경 속에서 살아가는 미국인의 생존위기를 반영하는 철학이라고 할 수 있을 것이다.

실용주의와 진화론

실용주의는 기본적으로 다윈(C. Darwin)의 생물학적 진화론에 토대를 두고 있다. 진화론은 생태 환경 속에 적응하는 자, 즉 적자(適者)만이 살아남을 수 있다고 보고, 인간도 결국은 이러한 환경 속에서 살아가고자 하는 생물 종의 하나로 본다. 즉, 인간은 다른 생물과 마찬가지로 오랜 진화의 결과 살아남게 된 하나의 생물 종으로 간주되는 것이다.

모든 생물 종의 일차적 목표가 생존에 있듯이 인간에게 있어서도 가장 큰 문제는 어떻게 하면 그런 불확실성 속에서 살아남느냐 하는 것이고, 여기서 작동하는 것이 인간의 지식이다. 따라서 지식이란 인간이 불확실하고 우연적인 환경에 적응하기 위한 생존의 도구일 뿐이다. 따라서 지식을 발견하기 위한 모든 사색과 탐구의 목표는 신의 질서나 영원불변하는 초역사적인 진리를 발견하는 것이 아니라, 사람들로 하여금 환경에 적응하여 잘 수 있게 하는 생존의 기술을 발견하는 것이라고 보는 것이다.

이렇게 실용주의의 인식은 생물학적 진화론적 시각에서 출발한다. 따라서 인간의 생존과 관련이 없는, 인간의 존재에 실질적 도움을 주지 못하는 형식적 지식이나 관념은 지식으로서 의미를 지니지 못한다. 즉, 실용주의에서 추구하는 지식은 인간의 생존에 도움이 되는 도구로서의 지식이다(이유선, 2008: 10-11; 김동식, 2002: 176).

실용주의와 공리주의

실용주의는 영국의 사상인 공리주의(utilitarianism)와 이론적 토대를 공유한다. 공리주의는 인간의 만족(쾌락)은 양적으로 측정될 수 있으며, 최대 다수의 최대 행복을 가져다주는 지식이나 제도, 사상 등을 참된 지식으로 간주한다.

공리주의 윤리는 인간의 행복에 기여하는 것은 선이고, 그 반대는 악이라고 보는 것이다. 이러한 벤담(J. Bentham)의 주관적 만족과 양적 행복의 추구는 후에 질적 공리주의자인 밀(J. S. Mill)의 비판을 받기도 한다.

그러나 공리주의는 근본적으로 인간에 도움이 되는, 인간의 행복의 양을 극대화시킬 수 있는 대안을 최상의 가치로 추구하는 철학이고, 이러한 맥락에서 공리주의와 실용주의는 동일한 철학사상이라고 부를 수도 있다.

그러나 영국의 공리주의와 미국의 실용주의는 뚜렷이 구분되는 몇 가지 측면이 있다. 실용주의는 인간의 행복이라는 가치적 차원의 목적뿐만 아니라, 수단의 선택에 있어서 경험과 사실에 근거한 과학적 방법을 강조한다. 또한 실용주의는 최종의 목적을 고정적인 것으로 보지 않고, 역사와 환경에 따라 다양하게 변화하는 가변적인 것으로 본다. 인간의 생존 환경이 변하는 것처럼 인간의 생존 기술로서 지식도 변화한다고 보기 때문이다. 따라서 실용주의는 보다 개방적이고 상대주의적 철학이라고 할 수 있다(주선희, 2012).

실용주의와 실증주의

방법론 측면에서 보면 실용주의는 경험적·관찰적 지식을 존중한다는 면에서 실증주의(positivism)나 경험주의(empiricism)와 그 지적 토대를 공유한다. 실용주의는 수단의 선택과정에서 논리실증주의의 과학방법인 엄밀한 관찰과 실험, 검증을 중시한다. 실용주의는 이와 같이 실증주의 인식과 논리방법을 적극 채택하고 있지만, 몇 가지 면에서 구분되는 점을 가지고 있다.

논리실증주의가 가치평가와 형이상학의 문제는 인식 외의 문제로 간주하는 데 비해, 실용주의는 과학적 인식과 가치의 인식 사이에 본질적 구별을 인정하지 않는다. 즉, 실증주의는 사실(fact)을 토대로 한 인과적 법칙을 발견하는 데 관심이 있지만, 실용주의는 목적(ends)을 달성하기 위한 수단(means)의 선택에 관심이 있다. 따라서 실용주의가 강조하는 수단의 선택은 목적과 연계되는 가치적 범주 속에 존재할 수밖에 없게 되는 것이다.

또한 실용주의와 실증주의는 탐구의 논리방법에 차이가 있다. 실증주의는 기존의 형식논리인 가설 연역과 귀납의 논리를 토대로 이론을 추출한다. 그러나 실용주의는 한 걸음 더 나아가 기존의 형식논리와는 구분되는 문제해결의 논리를 전개한다. 실용주의의 탐구논리는 듀이(J. Dewy)에 의해서 완성되었는데, 이 논리는 사실(fact) 발견의 논리가 아니라 목적 달성을 위한 수단(means) 선택의 논리로서 기존의 가설연역, 귀납의 논리와는 구분된다(Dewy, 1938).

실용주의의 진리와 연구방법

그렇다면 실용주의에서 말하는 진리와 방법의 특성은 무엇인가를 검토해 보자. 이는 크게 두 가지로 구분해 볼 수 있는데 지식의 도구성과 문제해결 중심의 탐구논리가 그것이다. 지식의 도구성에서는 실용주의가 가치와 연계되어 있는 철학이라는 것을 강조하고, 문제해결의 탐구논리는 지식 도출의 과정의 방법을 제시한다.

지식의 도구성

실용주의에서 진리는 인간의 생존에 도움을 주는 유용한 지식을 의미한다. 실용주의에서 말하는 지식의 참된 가치는 인간의 생존에 기여하는 도구적 성격에 있다고 본다. 따라서 지식은 인간의 생존에 도움을 주는 것이어야 하는데, 이러한 지식이론을 도구주의(instrumentalism)라고 부르기도 한다.

이러한 도구주의 이론은 듀이에 의해 완성되었다. 따라서 실용주의는 초월적 본질적인 관념보다는 인간이 존재하는 실제 혹은 현재적 가치가 더 의미를 갖는다고 본다. 인간의 생존은 현재적인 것에서 가능하기 때문에 현실을 넘어서는 관념과 형식 등에는 큰 의미를 부여하지 않는다.

실용주의는 인간의 현실 문제해결에 도움을 주는 적절한 행동대안을 선택하고자 하는 것이기 때문에, 현실 개조(改造)의 철학으로서 역할을 한다(박동환, 1974).

실용주의는 율법처럼 이미 정당화되어 존재하는 관념과 법칙이 있다고 하더라도 오늘 이 시간에 인간에게 도움을 주지 못한다면 그 지식과 행동은 거짓일 뿐이라고 선언한다. 이러한 맥락에서 실용주의는 태생적으로 진보적이라고 주장되기도 한다(이유선, 2008: 49).

실용주의적 지식은 문제해결을 위한 것으로, 이론의 도출과 적용의 과정에서 사실과 가치, 목적과 수단을 구분하여 접근하지 않는다. 인간의 행동에서 목적과 수단은 분리되어 존재할 수 없는 것이며 혼합되어 존재한다고 본다. 이는 개의 먹는 행동(수단)과 먹이(목적)가 구분되기는 하지만, 실제 상황에서는 동시에 혼재되어 공존하고 있는 것과 마찬가지이다. 여기서 수단(means)과 사실(fact), 목적(end)과 가치(value)는 동의어는 아니지만, 목적은 가치를 포함하는 개념이고, 수단은 사실을 토대로 이루어지는 것이기 때문에 수단과 목적의 연결과 사실과 가치의 연결은 사실상 동일한 맥락으로 이해된다.

실용주의에서 진리는 상대적이고 변화하는 지식이다. 변화하는 불확실한 생태 환경 속에서 생존에 필요한 수단이나 도구는 고정적이지 않다. 환경 변화에 따라 인간의 존재 목적과 생존수단은 달라질 수밖에 없기 때문에 지식의 내용이나 형식도 변화할 수밖에 없다. 봉건 시대의 생존을 위한 지식과 자본주의 시대 생존을 위한 지식의 정당성은 달라질 수밖에 없는 것이다. 이러한 맥락에서 보면, 실용주의는 진리가 실제를 반영한다는 진리대응설보다는 진리가 현실 속에서 합의된 것이라는 진리정합설에 더 가깝다고 볼 수 있다.

실용주의는 또한 지식의 다양성을 강조한다. 문제해결을 위한 다양한 지식과 행동의 대안이 가설의 형태로 존재하는 가운데, 그 대안을 비교·검증하여 적절한 대안을 선택할 수 있다고 보는 것이다. 따라서 하나의 대안만이 강요되는 절대적 지식론이나 신비주의, 전체주의를 부정한다. 이러한 면에서 실용주의는 민주주의 이론적 토대가 되기도 한다. 사회적으로 다양한 대안이 제시될 수 있고, 비교·검토되어 그 현실 적합성이 검증되고 수시로 그러한 평가가 진행될 때 실용주의적 이론의 정당성이 부여된다고 보는 것이다.

문제해결의 탐구논리

실용주의는 목표 달성을 위한 수단의 적정성을 검증하는 데 자연과학의 연구방법을 응용한다. 수단의 적절성을 실험하고 관찰하며 예측하고, 검증하는 것이다. 그러나 이러한 과정은 사실의 인과법칙을 발견하기 위한 자연과학의 연구방법과는 구분된다. 사실의 검증은 수단성의 검증에만 한정한다. 그리고 이러한 사실성의 발견이 최종 탐구의 목적이 되는 것은 아니다. 이러한 사실성을 토대로 목적과의 연계상황을 검토하고, 이 과정에서 적절한 수단을 선택하는 과정까지 이어지는 것이 탐구의 과정이라고 보는 것이다.

이러한 현실의 문제해결과 행동대안 선택을 위한 탐구의 과정은 기존의 귀납과 연역과 같은 사실 발견의 형식논리로는 이루어질 수 없다. 기존의 과학의 논리는 인과적 사실법칙을 발견하는 것이지만, 실용주의는 의도한 목적을 실현하기 위한 수단을 선택하는 작업을 수행하기 때문이다.

여기에서 실용주의의 독자적인 탐구논리가 제기된다. 이러한 실용주의의 논리학은 듀이(Dewy, 1938)에 의해 정립되었다. 듀이는 그의 『철학의 재구성』(Dewy, 1916)과 『탐구의 논리학』(Dewy, 1938)에서 기존의 형식논리학이나 인식논리학과 구분되는 새로운 실용주의 논리학을 제시한다.

형식논리학은 연역논리학, 귀납논리학, 기호논리학과 같이 사고의 내용을 도외시하고, 사고(추리)의 형식적·필연적 법칙만을 다룬다. 이러한 고전적 형식논리학은 칸트(I. Kant)의 인식논리학, 헤겔(G. W. F. Hegel)의 변증논리학, 후설(E. Husserl)의 현상학적 논리학, 그리고 듀이(J. Dewy)의 실용주의 논리학 등의 비판을 받게 된다.

인식논리학은 사고의 내용과 형식을 구별하면서도 형식과 내용이 어떻게 일치하는가 하는 것을 다루려고 한다. 형식과 내용이 만약 일치한다면 그것이 진리요, 만약 일치하지 않으면 그것은 거짓이다. 즉,

형식과 내용과의 일치 여부를 묻고 만약 일치한다면, 그것이 어떤 형식으로 일치하는가를 따지려고 하는 것이다(최재희, 1978: 179).

듀이는 기존의 형식논리학이나 인식논리학은 목적 달성을 위한 행동대안에 관한 지식을 탐구하는 방법으로 적절하지 않다고 본다. 듀이에 의하면, 인간은 문제에 직면했을 때만 사고한다. 문제에 직면한다는 것은 어떤 사태를 관찰했다는 것을 의미하며, 따라서 사고는 이미 관찰을 포함하고 있다. 이런 관찰은 문제가 되고 있는 상황을 진단하고, 앞으로 벌어질 상황에 대해 대응태세를 준비하게 해준다. 경험적인 관찰을 통해 상황을 파악하고 나면 우리는 미래의 결과를 더 나은 쪽으로 이끌기 위해 관념을 구성한다. 듀이는 이렇게 사고의 과정을 행동을 선택하는 과정으로 보았기 때문에 사고의 과정, 즉 논리의 과정도 행동을 선택하는 과정으로 파악하였다.

따라서 듀이에게서 사고 작용은 행동(behavior)과 결합한 지성(intelligence)의 작용이다. 이런 지성은 경험과 이성을 융합하는 지성이다. 논리학은 비생산적인 인식론의 문제도 아니거니와 헤겔처럼 우주의 고유한 사고 구조를 추구하는 것도 아니다. 사고(思考)는 경험을 작용시킴의 일종이요, 실험적이다. 이런 면에서 듀이의 논리학은 실험논리학이라고 부르기도 한다(최재희, 1978: 206; Dewy, 1938).

듀이는 탐구(inquiry)의 과정을 불확정적인 상황(indeterminated situation)을 직접적이고 통제적 상태의 확정적인 것으로 변화시키는 것이라고 보았다. 탐구의 성공은 불안정한 상황의 혼란을 제거하고 안정된 상태로 변화시키는 것이다. 이러한 맥락에서 듀이가 제시하는 탐구의 과정(logic of inquiry)은 다음의 5단계로 구분된다(Dewy, 1938: ch. 4).

첫째, 탐구의 선행조건(the antecedent condition of inquiry: the in-determinated situation) 단계이다. 탐구의 선행조건은 인간이 놓여 있는 불확정적인 상황을 인지하는 것이다. 끊임없는 외적 환경 속에서 인간은 주어진 환경에 어떻게 반응해야 할지 결정해야 하는 불확정의 상황을 맞게 되는데 이러한 선행조건 속에서 탐구가 시작된다.

둘째, 문제의 설정(institution of a problem) 단계이다. 문제의 설정 단계는 문제적 상황을 인식하고 문제를 확정하는 단계이다.

셋째, 문제 해결책을 확정하는 단계이다(the determination of a pro-blem solution). 이 단계는 아이디어 형태로 그 해결책을 제시하는 단계이다. 철학에서 아이디어는 사회과학에서 말하는 정책대안의 성격을 가진다고 할 수 있을 것이다.

넷째, 추론(reasoning)의 단계이다. 이 단계는 아이디어 의미를 서로 관련시켜 봄으로써 구체적인 해결책을 생각하는 단계이다.

다섯째, 사실과 의미의 조작적 성격 단계이다(the operational char-acter of facts-meaning). 이 단계는 사실은 증거로서 이용하고 가설을 테스트해 보는 단계이다. 여기서 조작적이라는 말은 가치와 타당성의 가설을 검증해 본다는 말이다. 여기서 경험적 검증과정이 동원된다.

이러한 듀이의 탐구논리는 문제를 발견하고, 해결하여 행동대안을 선택하는 과정을 설명한다. 이는 사실의 법칙을 발견하고, 설명하는 기존의 연역이나 귀납과 같은 형식논리의 체계와는 구분된다. 기존의 형식논리는 사실의 발견과 설명의 논리이지만, 듀이의 논리는 수단의 발견과 문제해결의 논리라는 면에서 구분된다.

이러한 듀이의 논리체계는 행정학에서의 의사결정론이나 정책과학의 기본 논리를 형성하게 된다. 의사결정론이나 정책과학에서는 궁극적으로 적절한 수단을 선택하기 위한 탐구를 하는 것이기 때문이다.

Ⅱ 실용주의와 행정학

응용 실천과학으로서 행정학

듀이가 말하는 지식(knowledge)은 변화하는 불확정 속에서 생존을 위한 행동대안을 선택하는 도구(instrument)로서의 지식이다. 지식이 현실의 문제를 해결하고 인간에게 도움이 되는 실천적 지식일 때 의미를 갖는다는 것이다. 또한 이러한 수단적 지식은 경험과 관찰, 검증이라는 과학적 방법을 활용하여 그 적절성을 확보할 수 있다고 본다.

행정학의 개척자로 알려진 윌슨은 그의 논문에서 행정학을 실천과학(pratical science)이라고 정의한다(Wilson, 1887). 행정학이 이러한 실천적 응용 사회과학의 한 분과라고 간주한다면, 행정학은 실용주의 철학과 지적 기반을 공유할 수밖에 없게 된다.

윌슨과 초기 행정학

윌슨(T. W. Wilson)을 기점으로 한 19세기 말과 20세기 초의 초기 행정학은 실천성과 실용성을 강조한다는 면에서 실용주의적 태도와 연계되어 있다.

윌슨은 「행정연구(The study of Administration)」라는 논문에서 살인자에게서 칼을 가는 방법을 배워서 좋은 목적에 활용할 수 있다는 표현을 쓰고 있다(Wilson, 1887). 목적과 수단을 분리하고 좋은 목적을 위해서라면 다른 목적 하에 사용되고 있던 행정기술을 도입할 수 있다는 것이다. 즉, 그는 민주주의의 이념을 유지한 채 군주국에서 사용하던 행정기술만을 따로 도입할 수 있다고 보는 것이다. 이러한 입장은 실천적 결과를 중시하는 실용주의의 철학적 가치와 동일하다.

윌슨이 실천과학으로서 행정연구의 필요성을 제기한 이후 이를 발전시켜 구체적 행정원리를 제시한 사람은 귤릭(L. H. Gulick)을 비롯한 화이트(L. D. White) 윌로비(W. F. Willoughby), 테일러(F. W. Taylor) 등이다. 이들은 초기의 행정원리주의자들이다.

귤릭은 행정을 분화한 협동을 추구하는 것으로 보고, 그 행정의 영역을 포스드코브(POSDCoRB)2)로 제시하고, 행정의 원리로서 전문화, 통솔의 범위, 명령의 통일, 기술적 효율, 독립 기능직 등을 제시하였다.

테일러는 능률성을 극대화시킬 수 있는 과학적 관리의 방법을 제시하였다. 테일러의 방법은 사기업 영역에서 개발된 것이지만 공공부분에도 많은 영향을 미쳤다. 그는 작업과정에서 시간과 동작과정을 세분해서 분석·검토함으로써 훈련과 직업분석을 통한 능률성과 경제성의 제고와 생산의 극대화를 가져올 수 있는 최선의 길(one best way)을 찾는 작업을 수행했다(Taylor, 1911; Gulick, 1937).

---

2) 귤릭은 행정가의 주 업무영역을 기획(Planning), 조직(Organizing), 인사(Staffing), 지시(Directing), 조정(Coordinating), 재무(Budgeting) 6개 분야로 설정하였고, 앞 글자를 따서 POSDCoRB라는 새로운 용어를 만들었다.

초기 행정학의 행정원리주의자들은 능률성을 확보할 수 있는 행정의 원리를 발견하고자 노력했다. 따라서 이러한 초기 행정학의 원리주의 이론은 실천성과 실용성을 추구했다는 면에서 실용주의적이라고 볼 수 있다.

그러나 이러한 초기 행정학자들은 그 원리를 도출하는 방법에 있어서는 과학적 검증과 실험 등의 방법을 사용하지 않았으므로, 듀이의 실용주의 방법론을 채택했다고 보기는 어렵다. 듀이의 실용주의는 수단의 선택에 있어서 엄밀한 자연과학적 방법과 경험적 검증을 강조하고 있기 때문이다. 그러나 조직 목표(ends)를 달성하기 위한 수단성(means)을 강조하고, 능률과 효과성을 강조했다는 면에서 넓은 의미의 실용주의적 방법이라고 평가할 수 있다.

사이먼의 의사결정론

행정학의 고전이론이 공리주의를 토대로 한 실용주의적 경향성을 보였다고 볼 수 있는데, 사이먼(H. A. Simon)은 듀이(J. Dewy)의 실용주의 원리와 법칙을 그의 학문 방법론에 충실히 반영하고 있다. 의사결정론의 분야를 개척한 사이먼은 그 자신의 의사결정모델이 듀이로부터 비롯하고 있음을 스스로 밝히고 있다(Simon, 1960: 3; 박동환, 1974: 104).

사이먼의 의사결정론에서 추구하는 지식은 적절한 행동대안의 선택을 가능하게 해주는 수단(means)으로서 지식이다. 지식은 구체적으로 개인과 조직의 문제해결을 위한 선택, 즉 의사결정에 영향을 주는 지식이다(Simon, 1976: 77). 즉, 사이먼에게서 지식의 역할은 인간이 어떤 목적을 달성하기 위한 가장 적절한 수단이 무엇인가를 판단할 수 있도록 도와주는 수단이나 도구의 역할을 하는 것이다. 이러한 면에서 사이먼의 지식에 관한 견해는 듀이의 도구주의적 지식론과 맥락을 같이하고 있다.

사이먼의 지식이론은 인간의 제한된 이성(합리성)을 전제로 전개된다. 인간의 합리성이란 목표를 달성하기 위한 최적의 수단을 선택하는 것인데, 이러한 수단의 선택과정에서 작동하는 인간의 이성은 여러 가지 제한점을 가지고 있다. 인간은 이러한 제한된 합리성의 전제 하에서 수단을 선택하게 되는 것이다. 그런데 제한된 합리성의 조건 속에서도 인간의 나름대로의 최적 대안을 모색하고 선택한다. 그러나 이러한 선택 결과는 최적 대안이라기보다는 최적 대안이라는 가설 형태로 존재하게 된다. 제한된 지식, 기술, 경험 등에 의해 제시되고 선택된 대안이기 때문이다. 이러한 가설적 대안은 새로운 관찰과 검증 과정을 거쳐 다시 새로운 대안으로 제시되게 된다. 이러한 과정을 점진적 과정을 거쳐 행동의 대안, 즉 수단(means)은 목표(end) 달성을 위해 개량되고 진화될 수 있는 것이다.

즉, 사이먼은 인간의 제한된 합리성을 인정하지만, 이러한 제한된 합리성 하에서 선택된 대안은 다시 가설의 형태로 지속적 검증·보완하는 과정을 거치게 되며, 최적의 수단이 되도록 점진적 개량이라는 진화 과정을 거치게 된다는 것이다. 사이먼은 초기에는 논리실증주의 방법을 토대로 한 행태주의의 의사결정모형을 선호하고 운영연구(O. R.)과 같은 수학적 방법에 의한 수단 선택의 방법을 선호하기도 하였으나, 후반부로 오면서 제한된 합리성을 토대로 한 점진적 의사결정 모형인 진화 모형을 의사결정의 모형으로 제시하게 되었다(Simon, 1986: 37-53).

사이먼은 수단의 검증과 선택 과정에서 기본적으로 논리실증주의 방법론을 활용하고 있다. 즉, 사실과 가치의 개념을 구분하고, 사실 판단을 중심으로 가설을 검증하여 객관화된 이론을 도출하고자 한다(Simon, 1946/1976: 45-47).

그러나 사이먼이 수단 선택에서 논리실증주의자의 방법론을 채택하고는 있지만, 몇 가지 면에서 논리실증주의자라고 보기는 어렵다.

사이먼은 우선, 논리실증주의자의 사실(fact)과 가치(value)라는 개념 대신 수단(means)과 목적(end)이라는 개념을 사용하고 있다. 논리실증주의자들은 사실관계를 검증하여 사실의 법칙을 발견하고자 하지만, 실용주의자는 목표를 달성하기 위한 적합한 수단이 무엇인가에 관심이 있다. 물론 적절한 수단을 발견하기 위해 경험적 검증을 통한 사실 관계를 파악하는 것이 필요하다. 그러나 실용주의자에게 있어서 객관적이고 법칙적 사실은 부차적인 것이다. 실용주의자는 사실이나 관념보다는, 인간사의 문제해결을 위한 실천적 수단이나 행동대안에 관심이 있는 것이다.

또한 논리실증주의자들은 사실과 가치를 엄밀히 구분하지만, 실용주의자들은 목표와 수단이 구분될 수 없는 것이라고 본다. 사이먼도 목표와 수단을 완전히 분리하여 접근하는 것은 불가능한 것이라고 보고 있다(Simon, 1946/1976: 64-65). 목표와 수단은 긴밀히 연계되어 있는 체인 같은 것이며, 실제에 있어서는 혼재되어 존재한다고 본다.

따라서 사이먼의 탐구는 논리실증주의자와 같이 사실의 법칙을 발견하는 것이 아니고, 의사결정과정에서 적절한 수단을 선택하는 것이다. 즉, 인간의 지식이란 의사결정 및 선택의 도구라고 본 것이다. 따라서 탐구란 이런 문제해결의 지식을 찾아가는 과정으로 보았다.

사이먼은 이러한 의사결정의 단계를 정보수집, 대안모색, 선택의 단계로 구분했다(Simon, 1960: 1－4). 정보수집활동(intelligence activity) 단계는 의사결정을 필요로 하는 환경조건의 탐색 단계이고, 대안모색(design activity)의 단계는 여러 가지 가능한 행동대안을 개발하거나 고안하는 단계이며, 선택활동(choice activity)은 모든 가능한 분석대상으로부터 특별한 행동대안을 선택하는 단계이다(Simon, 1960: 1－2).

사이먼의 이러한 의사결정의 단계는 듀이가 제시한 사고의 방법(How we think?)과 크게 다르지 않다. 듀이는 문제해결을 위한 인간의 사고의 단계를 ① 제시한 문제가 무엇이고, ② 대안은 무엇이며, ③ 무엇이 가장 적절한가라는 세 단계로 설명했는데, 사이먼은 이 모형을 자신의 의사결정론에 받아들여 의사결정의 단계이론으로 활용하고 있는 것이다(Dewy, 1910: ch. 8; Simon, 1960: 3).

신행정학

미국의 1960년대는 매우 혼란스러운 시기였으며, 이 시기에 젊은 소장학자들이 시라큐스 대학의 미노브룩(Minnowbrook)에 모여 기존 행정학의 반성과 새로운 원리를 제시하고자 했다. 마리니(F. Marini)는 이때의 발표내용을 정리하여 『신행정학을 향하여(*Toward a New Public*

Administration)』라는 저서를 출간하였다.

이 책에서 프레데릭슨(H. G. Frederickson)은 행정학의 목표와 원리에 대한 고전적 대답은 능률성(efficiency)과 경제성(economy)이었다고 보고, 새로운 행정학은 이러한 두 물음에다가 이러한 서비스가 사회적 형평(social equity)을 가져올 수 있느냐라는 또 하나의 물음을 던져야 한다고 보았다. 여기서 사회적 형평이란 가치선호, 책임성, 시민요구에의 대응, 불평등의 해소와 소외자에 대한 관심 등의 요소를 가지고 있다. 또한 방법론상에 있어서 행정학은 종합 학문적이고 문제해결적이며, 이론적 접근을 시도해야 한다고 보았다. 또한 신행정학은 변화하는 사회적 요구에 대응하는 능력을 갖추어야 하며, 변화를 추구하고 지속적인 변화를 제도화하기 위한 조직적·정치적 형태를 탐구해야 한다고 보았다(Frederickson, 1971: 4-12).

하몬(M. Harmon)은 행정가의 규범문제를 검토하고 행정책임의 문제를 논의하고 있다. 과거의 능률 중심의 행정연구에서 규범과 가치를 중시하는 새로운 행정연구의 방향을 제시한 것이다. 그는 행정규범의 지배적인 문제는 자유와 책임의 문제라고 보고, 행정가들은 자율성과 책임성을 동시에 추구하는 실존적 책임이 요구된다고 보았다. 행정가는 자유로운 존재이기는 하지만 자기의 행위에 대한 인간으로서 책임을 회피할 수는 없다고 보았다. 그는 행정가가 행정행위에 대한 책임을 지지 않고 정치적 지도자에게만 책임을 묻는 것은 인간으로서 실존적 책임을 망각하는 것이라고 지적한다(Harmon, 1971: 172-184).

크로넨베르그(P. S. Kronnenberg)는 행정학의 실증이론은 과학적 권위를 추구하고, 한 걸음 더 나아가 도덕적 권위라는 두 번째 기준을 충족시킬 수 있어야 한다고 보았다. 여기서 도덕적 권위는 과학적 권위보다 더욱 평가하기 어려운 분야인 데, 도덕적 권위는 이론으로 설명하기 위한 사건들에 관한 우선순위 결정에 관한 문제를 다룬다고 본다(Kronnenberg, 1971: 190-224).

이렇듯 많은 소장학자들은 신행정학(New Public Administration)의 흐름 아래서 행정학의 가치 지향성을 선언하고, 인간의 삶에 기여하는 학문의 역할을 중시했다. 이러한 흐름은 독일 프랑크푸르트학파를 중심으로 한 비판이론의 신좌파적 실천(praxis)이라는 맥락에서 이해될 수도 있을 것이다(이도형, 2013: 167-195). 그러나 여기서는 신행정학의 가치 선언을 자유주의적 맥락에서 실천을 강조하는 공리주의나 실용주의적 선언으로 이해하고자 한다. 당시 미국의 지적 전통이 자유주의와 공리주의적 토대로 형성되어 있었다고 볼 수 있기 때문이다. 신행정학이 인간에게 기여하는 학문으로서 행정학의 역할을 선언한 면에서는 실용주의의 가치론과 크게 어긋나지 않는다. 실용주의도 궁극적으로 인간에 기여하는 지식, 인간을 위한 지식을 추구하기 때문이다.

그러나 신행정학의 인식론이 실용주의의 고전적 인식론과 동일한 것으로 보기는 어렵다. 실용주의의 과학방법론은 자연과학적 방법론을 토대로 하고 있지만, 신행정학은 현상학이나 해석학적 방법을 중시했기 때문이다. 따라서 신행정학에서 지향 가치는 실용주의와 맥락을 같이하고 있지만, 인식방법에 있어서는 실용주의와 거리를 두고 있다.

정책과학론

정책과학도 의사결정론과 동일한 철학과 방법을 원용하고 있으며, 듀이의 도구주의와 탐구 논리를 기본 철학으로 채택하고 있다.

라스웰(H. D. Laswell)은 사회과학은 문제해결적 성격을 가져야 할 것이고, 인간에 도움이 되는 가치를 실현하기 위한 대안을 제시할 수 있어야 한다고 보았으며 이러한 흐름을 정책과학으로 보았다. 즉, 정책과학의 목표는 인간의 존엄을 실현하기 위한 대안을 발견하는 것이며, 학문과 지식은 인간의 행복해 기여하는 도구적 역할을 수행해야 함을 명시적으로 제시한 것이다. 라스웰은 미국의 사회과학자나 심리학자들이 계량화된 방법에 의한 방법의 개선에 주로 관심을 가져왔다고 평가하고, 이제는 인간의 여건을 개선하기 위한 정책적 가치에 헌신할 수 있는 방법의 개발이 필요하다고 보았다. 그는 무엇을 위한 지식인가라는 질문을 던지고, 그는 현 시대에 주어진 문제를 해결할 수 있는 지식을 탐구해야 한다고 보고 있다.

물론 정책연구가 객관적 연구를 포기하라는 것은 아니다. 정책의 강조점은 과학자의 목표 가치에 헌신할 수 있는 문제의 선택을 요구한다. 그리고 주어진 프로젝트를 집행하기 위한 엄밀한 객관성과 기술적 우수성을 활용해야 한다. 그러나 학문의 최종적인 목적은 이론과 사실에 있어서 인간의 존엄(human dignity)을 실현하는 것이다. 이러한 맥락에서 라스웰은 미국의 정책과학 지향은 민주주의의 실천을 개선할 수 있도록 요구되는 지식을 준비하는 데 모아져야 한다고 보았다(Laswell, 1951: 3-15).

드로어(Y. Dror)는 그동안의 과학적 연구를 반성하고 그동안의 과학적 연구가 미시적 연구에 치중해왔고, 행태적 접근 중심으로 규범적 접근을 극단적으로 분리시켰으며, 계량적 양화에만 너무 의존해 왔다고 비판하며, 처방적 관심이 부족하였다고 본다. 드로어는 이러한 기존의 학문적 패러다임(paradigm)이 현재 과학이 요구하는 패러다임과 일치하지 않는다고 보고 새로운 학문적 패러다임으로 정책과학(policy science)을 제시한다(Dror, 1971: 9-11).

콜맨(J. Coleman)은 그의 「사회과학에서 정책연구」라는 논문에서 정책연구(policy research)와 이론연구(discipline)를 구분하고, 정책연구는 행동의 선택(의사결정)에 관한 연구이고, 학문연구는 이론의 검증과 발전에 관한 연구라고 구분한다. 콜맨은 행동의 선택, 즉 의사결정 연구는 행동의 세계에 존재하는 것이고, 여러 분과학문의 영역에 걸쳐 있기 때문에 하나의 분과학문에만 존재하는 것이 아니라, 다양한 분과학문의 영역 속에 존재한다고 본다(Coleman, 1972: 1-23).

이러한 정책연구의 과정은 문제해결을 위한 적정대안을 선택하는 과정으로 듀이의 실용주의적 가치와 탐구과정을 그대로 원용하고 있다. 듀이는 지식이란 문제해결의 도구이며, 정책대안을 모색하여 사회문제를 해결하고 상황을 개선해 나가는 데 기본 목적이 있는 것이라고 보는데, 정책과학 역시 동일한 사상과 방법론을 채택하고 있다. 정책연구는 인과적 사실의 법칙을 발견하는 사실과학의 연구영역이라기보다는 문제를 해결하는 행동의 대안을 탐색하는 연구영역이기 때문이다.

또한 정책연구의 지식탐구의 과정도 가설을 검증해서 이론을 도출하는 가설연역이나, 관찰을 통해 사실을 설명하는 귀납의 논리를 채택하는 것이 아니다. 문제를 진단하고, 대안을 비교·검토하며, 문제를 해결하고 목표를 달성하기 위한 탐구과정을 거치는 것이다. 이러한 정책연구의 논리는 기본적으로 듀이가 제시한 문제해결의 탐구논리와 같다고 볼 수 있는 것이다.

Ⅲ 요약 및 결론

지금까지 현대 행정학의 인식론적 기초는 실용주의적 맥락에 토대를 두고 있다고 보고 실용주의와 행정학의 연관성을 검토해 보았다.

실용주의도 다양한 입장이 있으나 여기서는 실용주의 이론을 체계화 집대성한 듀이(J. Dewy)의 이론을 토대로 분석하였다.

행정학은 태생적으로 실천성 응용성을 강조하고 있고, 또한 현대 행정학이 미국에서 발달하다 보니 미국적 철학이라고 할 수 있는 실용주의 철학을 반영할 수밖에 없었다. 행정학과 실용주의는 가치와 인식의 방법을 공유하면서도 그동안 행정학 이론과 인식론의 연구에서 주목을 받지 못했다. 실용주의가 철학의 주류적 위치에 있지 못했고, 실용주의는 실리주의나 물질주의를 대변한다는 오해를 받아왔기 때문이다. 그러나 원래의 실용주의는 관념과 형식보다는 실질과 내용, 결과를 중시하여 인간에 도움을 되는 지식을 추구하는 실천적이고 개혁적인 철학이라고 할 수 있다.

특히, 듀이의 실용주의는 인간의 조건을 개선하고, 형식과 관념을 넘어서 민주주의와 인간 존엄을 구현하는 개혁의 철학으로 제시되었다. 따라서 듀이의 실용주의는 인간의 생존 조건 향상에 기여할 수 있는 현실적이고 실제적인 지식을 진리로 간주했고, 경험과 사실에 근거한 판단을 중시했으며, 올바른 행동대안의 선택을 위한 문제해결의 탐구의 논리를 제시했다. 행정학도 이러한 맥락에서 학문적 성격상 실천과 실제를 강조하는 실용주의적 가치와 지적 기반을 공유해 왔다고 볼 수 있다.

윌슨을 중심으로 한 초기 행정학, 사이먼의 의사결정론은 목적을 달성하기 위한 수단의 선택을 강조하고, 그 수단의 검증에 과학적 방법을 활용했다는 면에서 실용주의적이다. 1960년대 들어서면서 제기된 신행정학은 가치와 사실의 연결, 인간을 위한 사회과학, 사회적 형평성 등을 주장했다는 면에서 역시 듀이의 실용주의와 유사한 맥락을 가지고 있다. 그러나 연구방법에 있어서 해석학이나 현상학적 방법을 주로 사용하여 실용주의와는 다소 거리를 두고 있다.

본 연구에서는 행정학에서 실용주의적 가치와 인식방법론이 충실히 반영된 영역으로 의사결정론과 정책과학론을 주목한다. 의사결정론과 정책과학론은 문제해결을 위한 과학이다. 인간의 문제를 해결하기 위한 적절한 수단을 선택하는 데 관심을 가진다. 수단과 목적, 사실과 가치를 연계하고, 수단의 분석과 선택에 있어서 검증과 관찰의 방법을 강조한다. 이들은 객관적 사실의 발견보다는 인간에 도움이 되는 문제해결의 대안을 발견하고자 한다. 따라서 이들은 실용주의적 가치와 방법론을 토대로 하고 있다고 보는 것이다.

부 록

우드로우 윌슨(T. Woodrow Wilson, 1856~1924) 관련 연표

[개인가족사]

- 1856년 12월 28일 Virginia의 Staunton에서 출생, 출생 후 1년 만에 Georgia의 Augusta로 이사, 1870년 South Carolina의 Columbia, 1874년에는 North Carolina의 Wilmington으로 이사함. 유년기를 주로 Georgia와 Carolina에서 보냄.
- 아버지 Joseph Ruggles Wilson은 장로교목사(minister of the Presbyterian Church)로 미국의 남북전쟁 시 남부동맹(Confederate)의 열렬한 지지자였음. 어머니는 Janet(Jessie) Woodrow Wilson, 가족은 위로 누나가 둘, 아래로 남동생이 하나가 있었음.
- 1860년 미국 대통령 링컨 당선
- 1861년 4월~1865년 4월 남북전쟁
- 1885년 Ellen Louise Axson과 결혼(28세) 후에 Margaret, Jessie, Eleanor의 세 딸을 둠.
- 1914년 28대 대통령 임기 중 첫째 부인 Ellen Louise Axson 신장병(kidney)으로 사망
- 1915년 12월 Edith Bolling Galt와 재혼함.
- 1924년 2월 3일 67세의 나이로 Washington D. C.에서 사망

[학자로서 윌슨: 학문적 경력과 업적]

- 1873년 16세의 나이에 Davidson College in Charlotte North Carolina 입학했으나, 건강상 이유로 1년 후 그만둠.
- 1875년 Princeton University 입학하여 1879년 졸업함.
- 1879년 University of Virginia Law School 입학 수학, 1880년에 그만둠.
- 1882년 독학으로 변호사시험(Georgia bar examination) 통과 후에 Atlanta에서 변호사 활동을 했으나 싫증을 느껴 그만둠.
- 1883년 Johns Hopkins University 대학원(Graduate School) 입학
- 1885~1888년 Pennsylvania에 있는 Bryn Mawr College에서 정치경제학과 공법을 강의함.
- 1885년 『의회정부론(*Congressional Government*)』을 출간, 행정부의 장이 의회를 리드하는 영국식 수상 중심의 정치체제 구축 필요성 강조
- 1886년 Johns Hopkins University에서 박사학위 받음(Ph. D. History and Political science), 『의회정부론(*Congressional Government*)』이라는 책을 박사학위 논문으로 인정받아 구술시험만으로 박사학위를 취득함. 당시 나이 29세
- 1886년 11월 코넬(Cornell) 대학에서 연설형태로 「행정연구」의 초안내용 발표
- 1887년 행정학의 출발을 알리는 논문이라고 평가되는 「행정연구」 발표("The Study of Administration", Political Science Quarterly, Vol II no. 1(June 1887), 30세(30년 6개월)의 나이.
- 1888~1890년 Connecticut주의 Wesleyan University in Middletown에서 역사학 교수
- 1889년 미국 최초의 비교정부론 교과서인 『국가론(*The State*)』 출간
- 1891년 Princeton University 정치경제학과 & 법학교수로 취임, 당시 나이 34세
- 1902~1910년 Princeton University 총장
- 프린스턴 교수시절 활발한 저술활동 『*Division and Reunion*』(1893), 『*History of American People*』(1902), 『*Constitutional Government in the United States*』(1908) 완성

[정치가로서 윌슨: 정치경력]

- 1910년 New Jersey주의 주지사 당선(민주당), 당시 나이 53세
- 1912년 미국 28대 대통령 선거에서 민주당 후보로 출마 당선
- 1913년 3월 미국 28대 대통령으로 취임, 당시 나이 56세
- 1913년 「Federal Reserve Act」
- 1914~1918년 제1차 세계대전
- 1916년 미국 대통령 선거에서 민주당 후보로 출마 재선

- 1917년 4월 의회의 승인(상원 82 : 6)을 얻어 독일에 선전포고, 미국 제1차 세계대전 참전
- 1918년 1월 파리평화회의에 참석하여 14개 원칙(Fourteen Points)을 발표
- 1919년 6월 파리평화회의 결과에 따라 베르사이유조약(31개 연합국과 독일이 맺은 조약) 체결
- 1919년 국제평화와 국제연맹 결성노력을 인정받아 노벨평화상 수상함.
- 1919년 10월 국제연맹 결성에 대한 비준을 얻기 위해 국민의 지지를 받기 위해 노력하는 과정에서 과로로 인해 뇌출혈(hemorrage)로 쓰러짐. 이후 심각한 행동 장애를 얻음.
- 1919년 미국 상원의 수정안을 윌슨이 거부함으로써 1919년 11월, 1920년 3월 상원에서 국제연맹 비준안이 거부됨. 따라서 국제연맹을 주도했던 미국은 국제연맹에 참여하지 못함.
- 1920년 국제연맹(League of Nations) 결성됨.
- 1921년 3월 대통령 퇴임 후 사저에서 병 치료함.
- 1924년 2월 3일 67세의 나이로 Washington D. C.의 사저에서 사망함.
- 사후 미국의 주요 5대 대통령 중 하나(Washington, Lincoln, Wilson, Theodore Roosevelt, Franklin Roosevelt)로 평가됨.

참고문헌

강용기(1985). 「행정학 방법론에 관한 비판적 연구」. 연세대학교 대학원 석사 논문.
______(2014). 실용주의와 행정학. 『한국자치행정학보』, 28(1): 117－132.
______(2016). 행정의 역사 속에서 본 행정학의 기원. 『한국자치행정학보』, 30(1): 83－94.
권기헌(2013). 『행정학 콘서트』. 서울: 박영사.
권오신(2011). 『우드로우 윌슨』. 서울: 선인.
김계수(1992). 『구미정치사상사』. 서울: 일조각.
김동식(2002). 『프래그머티즘』. 서울: 아카넷.
김선명(2013). 행정학 연구방법론으로서 현상학의 재발견: 체험연구를 중심으로. 『현대사회와 행정』, 23(2): 147－165.
김태룡(2010). 『행정이론』. 서울: 대영문화사.
김태진(2014). 실증주의 이론과 행정학. 『현대사회와 행정』, 24(4): 19－40.
니콜로 마키아벨리, 강정인 옮김(1994). 『군주론』. 서울: 까치.
박동환(1974), 『사회철학의 기초』. 서울: 동명사.
박이문(1993). 『과학철학이란 무엇인가』. 서울: 민음사.
서울대 사학연구실(1992). 『세계문화사』. 서울: 일조각.
서울대 정치학과(2002). 『정치학의 이해』. 서울: 박영사.
이도형(2013). 비판이론과 행정학. 『현대사회와 행정』, 23(2): 167－195.
______(2016). 『우리들의 정부』. 서울: 한국학술정보.
이보형(1990). 『미국사 개설』. 서울: 일조각.
이유선(2008). 『실용주의』. 서울: 살림.

이주영(1986). 『미국사』. 서울: 대한교과서 주식회사.
정철현(2003). 『행정이론의 발전』. 서울: 다산출판사.
조경래(1993). 『서양사 입문』. 서울: 일신사.
최동희(1985). 『철학』. 서울: 일신사.
플라톤, 홍석영 역(2005). 『니코마코스 윤리학』. 서울: 풀빛.
한국국정관리학회(2014). 『새내기를 위한 행정학』. 서울: 대영문화사.

Ayer, A. J.(ed.)(1959). *Logical Positivism*. New York: The Free Press.

Chalmers, A. F.(1982). *What is this thing called Science?: An assessment of the nature and status of science and its methods*. St Lucia, Queensland: University of Queensland Press. 신일철・신중섭 역(1985). 『현대의 과학철학』. 서울: 서광사.

Coleman, James S.(1972). *Policy Research in the Social Science*. Morristown, N. J.: General Learning Press, 1－23.

Dewy, John(1935). *Liberalism and Social Action*. 김진희 역(2011). 『자유주의와 사회적 실천』. 서울: 책세상.

______(1938). *Logic: The Theory of Inquiry*. New York: Henry Holt and Company.

______(1919). *Reconstruction in Philosophy*. 이유선 역(2010). 『철학의 재구성』. 서울: 아카넷.

Fesler, J. W.(ed.)(1982). *Administration: Patterns of the Past*. American Society for Public Administrtion.

Frederickson, H. G.(1971). Toward a New Public Administration. in F. Marini(ed.). *Toward a New Public Administration*. N. Y.: Chandler Publishing Company, 309－331.

Gulick, Luther & Urwick Lyndall(eds.)(1937). *Papers on the Science of Administration*. New York: Institution of Public Administration.

______(1937). *Papers on the Science of Administration*. New York: Institution of Public Administration.

Harmon, M(1971). Normative Theory. in F. Marini(ed.). *Toward a New Public Administration*. N. Y.: Chandler Publishing Company, 172－185.

Kronnenberg, P. S.(1971). The Scientific and Moral Authority of Empirical Theory of Public Administration. in F. Marini(ed.). *Toward a New Public Administration*. N. Y.: Chandler Publishing Company, 190－233.

Lerner, Daniel & Laswell Harold D.(1951). *The Policy Science*. Stanford, California:

Stanford University Press.
Martin, Daniel W.(1987). Déjá Vu: French Antecedents of American Public Administration. *Public Administration Review*, July/August: 297－303.
______(1988). The Fading Legacy of Woodrow Wilson. *Public Administration Review*, March/April: 631－636.
Ostrom, Vincent(1973). *The Intellectual Crisis in American Public Administration*. University, Alabama: The University of Alabama Press.
Rabin, J. R. & Bowman J. S.(1984). *Politics and Administration: Woodrow Wilson and American Public Administration*. New York and Basel: Marcel Dekker, Inc.
Riper, Paul. P. Van(1983). The American Administrative State: Wilson and the Founders: Unorthodox View. *Public Administration Review*, November/December: 477－490.
______(1990). *The Wilson Influence on Public Administration*. 김성기 역(2007). 『Wilson과 행정학』. 전남대학교 출판부.
______(1997). Some Anomalies in the Deep History of U. S. Public Administration. *Public Administration Review*, 57(3): 218－222.
Rosser, Christian(2010). Woodrow Wilson's Administrative Thought and German Political Theory. *Public Administration Review*, July/August: 547－555.
Rutgers, M. R.(1994). Can the Study of Public Administration do without a Concept of the State?: Reflection on the Work of the Lorenz von Stein. *Administration and Society*, 26(3), November: 395－412.
______(1997). Beyond Woodrow Wilson: The Identity of the Study of Public Administration in Historical Perspective. *Administration and Society*, 29(3), July: 276－300.
Simon, H. A.(1946). The Proverbs of Administration. *Public Administration Review*, Vol. 6(winter): 53－67.
______(1946/1976). *Administrative Behavior*. Collier Macmillan Publishers: The Free Press.
______(1961). *The New Science of Management Decision*. New York and Evanston: Harper & Row, Publishers.
______(1983). *Reason in Human Affairs*. Oxford, U. K.: Basil Balckwell Publishers.
Stillman II, Richard. J.(1973). Woodrow Wilson and the Study of Administration: A New Look at an Old Essay. *American Political Science Review*, 67: 582－588.

Taylor, F. W.(1911). *Scientific Management.* N. Y.: Harper & Raw.

Waldo, Dwight(1948). *The Administrative State.* New York: The Ronald Press Company.

______(1980). *The Enterprise of Public Administration.* Nova, California: Chandler & Sharp Publishers, Inc.

White, L. D.(1926/1954). *Introduction to the study of Public Administration.* New York: The Macmillan Company.

Wilson, Woodrow(1885). *Congressional Government.* Boston and New York Hough-ton Mifflin Company. The Riverside Press Cambridge.

______(1887). The Study of Administration. *Political Science Quarterly,* Ⅱ(1), June: 197-222.

Zinn, Howard(2007). A Young People's History of the United States. 김영진 역(2008). 『살아있는 미국역사』. 서울: 추수밭.

찾아보기

ㄱ

가필드(J. A. Garfield) 114
계몽군주 34, 57, 103
공리주의(utilitarianism) 125
관방학 19, 33
국가유기체론 96
군주론 103
굿노우(F. J. Goodnow) 21, 114
권리장전(Bill of Rights) 110
권리청원(Petition of Right) 110
귤릭(L. H. Gulick) 134

ㄴ

나폴레옹(Napoleon) 34, 58
나폴레옹법전 107
나폴레옹의 행정개혁 106
남북전쟁 15, 113
논리실증주의 126
니버(Niebuhr) 68

ㄷ

다윈(C. Darwin) 124
대헌장(Great Charter) 59
독일의 행정과 행정연구 104
듀이(J. Dewy) 127
드로어(Y. Dror) 142
들라마르(Delamare) 107

ㄹ

라스웰(H. D. Laswell) 141
라이퍼(Riper) 117
로베스피에르(M. F. M. I. de Robes-pierre) 107
로크(J. Locke) 22
루소(J. J. Rousseau) 22
루이 14세 106

루이 16세 107
르네상스(Renaissance) 102
리처드(Richard) 60

ㅁ

마그나카르타(Magna Carta) 109
마르셀(Marcel) 19, 108
마리온(Marion) 89
마키아벨리(N. Machiavelli) 103
마틴(Martin) 89
명예혁명 110
몰스타인 막스(F. M. Marx) 117
미국의 행정학 20
미노브룩(Minnowbrook) 138
밀(J. S. Mill) 125

ㅂ

배저트(W. Bagehot) 51
백년전쟁 109
벤담(J. Bentham) 125
보냉(C. J. Bonnin) 19, 108
블랙스톤(Blackstone) 50
블룬트슐리(Bluntschli) 38, 67, 96
비교연구의 필요성 41
비비앙(Vivien) 19, 108

ㅅ

사이먼(H. A. Simon) 135
사회계약론 96
사회계약설 22
사회유기체론적 37
수장령 109
슈타인(L. von Stein) 19, 33, 38, 76, 94, 96, 105, 115
스튜어드 왕조 110
시정개혁운동(municipal reform movement) 113
신행정학 138
실용주의(pragmatism) 123
실용주의의 논리학 130
실증주의(positivism) 126

ㅇ

아담스(H. B. Adams) 96, 117
아서(C. A. Arthur) 117
앙제빈 왕조(Angevin Kings) 60
앤드류 존슨(Andrew Johnson) 95
에이브러햄 링컨(A. Lincoln) 113
엘리(R. T. Ely) 96, 117
엘리자베스 여왕(Queen Bess) 50
여론과 행정 40
엽관제(spoil sysem) 95
왈도(D. Waldo) 21, 118
우드로우 윌슨(T. W. Wilson) 15
유스티(J. G. H. von Justi) 19, 105, 115
의사결정론 135
의사결정의 단계 138

의회정부론(Congressional Government) 16, 89, 97

ㅈ

장미전쟁 109
잭슨(A. Jackson) 112
정부 발전의 시기 56
정부 발전의 역사 30
정책과학론 141
정치와 행정 37
정치행정의 이원적 일원론 93
정치행정 이원론 90
정치행정 일원론 92
제켄도르프(V. L. von Seckendorff) 104
제퍼슨(T. Jefferson) 112
조지 워싱턴(G. Washington) 112
존(John) 60
지식의 도구성 127

ㅊ

청교도혁명 110
초기 행정학 133
최소국가론 31

ㅋ

콜맨(J. Coleman) 142
콜베르(J. B. Colbert) 106

ㅌ

테일러리즘(Taylorism) 120
튜더 왕조 109

ㅍ

펜들턴법(Pendleton Act) 114
포스드코브(POSDCoRB) 134
프랑스의 행정과 행정연구 106
프러시아(Prussia) 57
프레데릭 대왕(Frederic the Great) 33, 57
프레데릭슨(H. G. Frederickson) 139
프리드리히 빌헬름 1세 104
플랜태저넷 왕조 109

ㅎ

하몬(M. Harmon) 139
해밀턴(A. Hamilton) 112, 117
행정국가 22
행정국가론(Administrative State) 21, 118
행정국가의 시대 30
행정연구(The Study of Administration) 14, 29, 88
행정연구의 목표 46, 66
행정연구의 방법 41, 77

행정연구의 선진국 33
행정연구의 역사 47
행정연구의 주제 36, 66
행정연구의 후진국 34
행정의 연구방법 25
행정의 영역 37, 66
행정학의 아버지 14
행정학의 창시자 14, 18
행정학의 필요성 32
헤겔(G. W. F. Hegel) 38, 49, 96
헨리 2세 109
현금 가치(cash value) 123
화이트(L. D. White) 20, 114

강용기(姜容基)

〈약 력〉

연세대학교 행정학과 졸업
연세대학교 대학원 행정학과 졸업(석사, 박사)
한국자치행정학보 편집위원장 역임
한국자치행정학회 회장 역임
한국국정관리학회 회장 역임
행정자치부 행정체제개편 자문위원 역임
서남대 사회과학부장 역임
서남대 사회과학연구소장 역임
현재 서남대 공무원행정학과 교수
e－mail: nakyongki@naver.com

〈주요저서 및 논문〉

『새내기를 위한 행정학(개정판, 공저)』, 2014, 대영문화사.
『현대지방자치론(제3정판)』, 2014, 대영문화사.
“지역간 공업배치문제 해결을 위한 ESS개발”, 『한국행정학보』, 25(2).
“신자유주의와 사회과학이론”, 『현대사회와 행정』, 13(2).
“광역선거에서 지역주의 실태분석”, 『한국지방자치학회보』, 13(3).
“정부간 관계의 거버넌스”, 『한국지방자치학회보』, 16(2).
“자치구역 및 계층의 점진적 4단계 재편론”, 『한국자치행정학보』, 16(2).
“지방자치단체 통합론의 평가변수와 지표개발”, 『한국비교정부학보』, 13(2) 외 다수.

우드로우 윌슨과 행정연구

펴낸날 제1판 제1쇄 2016년 7월 1일

지은이 강용기
펴낸이 임춘환
펴낸곳 도서출판 대영문화사
주소 서울특별시 용산구 청파로 61길 5(청파동 1가) 제일빌딩 2층
등록 1975년 12월 26일 제3-16호
전화 (02)716-3883, (02)714-3062
팩스 (02)703-3839
홈페이지 http://www.dymbook.co.kr

ISBN 978-89-7644-559-9
값 9,000원

* 잘못된 책은 바꾸어 드립니다.